应用型高校
创业教育实践路径研究

宋 泽 / 著

辽宁大学出版社
Liaoning University Press | 沈阳

图书在版编目（CIP）数据

应用型高校创业教育实践路径研究/宋泽著. --沈阳：辽宁大学出版社，2024.7

ISBN 978-7-5698-1505-4

Ⅰ.①应… Ⅱ.①宋… Ⅲ.①高等学校－创业－教育研究－中国 Ⅳ.①G647.38

中国国家版本馆 CIP 数据核字（2024）第 005957 号

应用型高校创业教育实践路径研究

YINGYONG XING GAOXIAO CHUANGYE JIAOYU SHIJIAN LUJING YANJIU

出 版 者：辽宁大学出版社有限责任公司
　　　　　（地址：沈阳市皇姑区崇山中路 66 号　　邮政编码：110036）
印 刷 者：河北浩润印刷有限公司
发 行 者：辽宁大学出版社有限责任公司
幅面尺寸：185mm×260mm
印 　 张：13.25
字 　 数：240 千字
出版时间：2024 年 7 月第 1 版
印刷时间：2024 年 7 月第 1 次印刷
责任编辑：张　蕊
封面设计：徐澄玥
责任校对：张宛初

书 　 号：ISBN 978-7-5698-1505-4
定 　 价：88.00 元

联系电话：024-86864613
邮购热线：024-86830665
网 　 址：http://press.lnu.edu.cn

前言

创新是引领发展的第一动力，抓创新就是抓发展，谋创新就是谋未来。习近平总书记在党的二十大报告中强调，坚持创新在我国现代化建设全局中的核心地位。纵观人类发展历史，创新始终是推动一个国家、一个民族向前发展的重要力量。中国特色社会主义进入了新时代，只有持续增强创新这个第一动力，深入实施创新驱动发展战略，科教兴国、人才强国，开辟发展新领域、新赛道，不断塑造发展新动能、新优势，把科技的命脉牢牢掌握在自己手中，才能不断提升发展的独立性、自主性和安全性。

全面建设社会主义现代化国家，教育是基础，科技是希望，人才是根本。我国面临百年未有之大变局，比以往任何时候都迫切需要有理想、有知识、有担当、敢创新、擅创意、勇创业的青春力量，创新创业教育向更高质量发展是大势所趋，其意义重大。2021年，国务院办公厅印发的《关于进一步支持大学生创新创业的指导意见》指出，"大学生是大众创业万众创新的生力军，支持大学生创新创业具有重要意义"。"加快应用型本科高校建设""加大应用型本科高校政策倾斜"等相关内容频繁出现在各省市的教育"十四五"规划和二〇三五年远景目标等相关文件中。应用型高校丰富了高等教育的类型结构，更好地满足了人才的多元成长与多样化发展需求，成为国家优化高等教育结构、推动高等教育内涵式发展的重要组成部分。

人才培养、科学研究、社会服务、文化传承创新和国际交流合作是高校的五大职能。应用型人才培养和创新创业人才培养相辅相成，培养创新创业人才是人才培养的重要内容，而应用型人才培养目标以产出为导向，意在更好地为社会服务。这就要求应用型高校要开放融合，产教协同，在同社会各方面进行联动时要关注社会问题的多样性、复杂性和变化性。应用型高校作为培养具有创新创业精神和实践能力的人才的重要阵地，应注重加强创新创业教育实践路径的研究，要通过开展创业教育培养具有"敢闯会创"的应用型人才。

四川工商学院作为一所中国一流应用型大学，将"创新创业、协同育人"作为办学特色之一。自2016年起，学校将创新创业教育纳入人才培养全过程，实施"三联四融"创新创业教育模式，即将创新创业置于产教融合中、将创新创业置于基地联盟中、将创新创业置于培养联动中；"双创"教育与专业教育融合、校内平台与校外资源融合、导师队伍与学生团队融合、科技研发与培育孵化融合。近年来，学校获省级以上大学生创新创业训练计划 141 项、"双创"竞赛获奖 94 项、学科竞赛获奖 849 项，在中国国际"互联网＋"大学生创新创业大赛中荣获全国总决赛银奖 1 项、铜奖 2 项。

本书由四川工商学院宋泽完成，从六个方面阐述了应用型高校创业教育实践探索。第一章主要阐述国内外研究现状及启示，研究意义，内容和研究的思路、方法。第二章对应用型高校的现状进行了分析，指出了应用型高校创业教育的特点、意义、现状和存在的问题。第三章对应用型高校的课程设计进行研究，创新性地提出创业课程教学质量保障体系建设。第四章从内容、形式、基本要素和管理评估等方面对创业教育的实践教学体系构建进行了研究。第五章对应用型高校创业教育的创新发展进行了研究和论述。第六章主要是本研究的总结和展望。同时，还对国家创新创业政策和国家重点创新创业大赛相关内容做了收集和整理。

衷心希望本研究能为应用型高校创新创业教育提供一些建议和实践经验的借鉴。由于时间仓促，研究难免存在疏漏和不足之处，敬请广大读者批评指正。

四川工商学院校长、二级教授：夏明忠

2023 年 6 月于成都

目录

第一章

应用型高校创业教育研究现状及路径

随着经济的快速发展和市场的不断扩大，创业已经成为人们追求成功和实现梦想的重要途径。职业的标准阶段是就业，而创业是学生职业发展的高级阶段。为深入贯彻落实《国务院办公厅关于深化高等学校创新创业教育改革的实施意见》（国办发〔2015〕36号），越来越多的应用型高校开始将创业教育纳入课程体系，并为学生提供相关的培训和支持。设计和实施有效的创业教育课程和项目，提高学生的创业能力，使其积累实践经验，成为应用型高校创业教育研究的重要问题。

本研究旨在探讨应用型高校创业教育实践，以期有效促进学生创业能力的提升，积累实践经验。首先，介绍应用型高校创业教育的现状和问题，分析创业教育的意义和价值。其次，通过文献综述和案例分析，总结创业教育的有效实践路径，包括创业课程设计、创业实践项目、创业赛事和创业生态建设等。最后，提出一些建议，希望能够对应用型高校的创业教育提供一些启示和借鉴。

对应用型高校创业教育实践路径进行研究，可以为应用型高校提供更加科学、有效的创业教育方案，促进学生创新创业能力的提高，进一步推动我国的创新型国家建设。

第一节 国内外研究现状及启示

随着创新创业热潮的涌现和社会经济的快速发展，应用型高校创业教育逐渐成为国内外高校重点关注的领域。在当前的国内外研究中，越来越多的学者和教育机构开始关注应用型高校创业教育的研究与实践，不断探索有效的创业教育模式，提高创业人才的培养质量。本节将探讨应用型高校创业教育国内外研究现状，旨在深入了解当前研究进展，为未来创业教育的改进、发展提供借鉴和参考。

一、国内应用型高校创业教育研究的现状

随着创业热潮的兴起，越来越多的应用型高校开始将创业教育纳入教学体系，帮助学生掌握创业技能和实践能力，提高其创业成功率。应用型高校创业教育的发展已经成为国内高校教育领域的热点和焦点之一，吸引了广泛的关注和研究。

近年来，国内应用型高校创业教育研究取得了显著进展。研究者从不同的角度出发，对应用型高校创业教育的课程设置、创业导师指导、创业实践、创新创业能力培养等方面进行了深入探讨和研究。但目前国内应用型高校创业教育研究仍存在一些不足之处，如缺乏系统性、理论研究不足、实践研究较少等。

因此，进一步深入研究和探讨应用型高校创业教育，加强理论和实践的结合，提高创业教育的实效性和科学性，已经成为当前的研究热点和发展趋势。本部分将对国内应用型高校创业教育研究的现状、框架和实践进行系统阐述，旨在促进应用型高校创业教育的发展和创新。

国内应用型高校创业教育研究已经开始蓬勃发展，涉及的研究领域广泛。以下

是国内应用型高校创业教育研究的现状。

（一）课程设置研究

课程设置是应用型高校创业教育的重要组成部分，也是当前研究的热点之一。国内研究者通过调查问卷、案例分析、实证研究等方式，探讨应用型高校创业教育的课程设置、课程内容、教学方法等方面的问题。研究表明，课程设置应该以培养学生的创新创业精神和实践能力为中心，通过多种形式和方式，如讲座、实践课、案例分析、项目实践等，提高学生的创业能力和实践能力。

（二）创业导师指导研究

创业导师是应用型高校创业教育的重要资源之一，其指导对学生的创业能力和实践能力有重要影响。国内研究者通过访谈、问卷调查等方式，研究创业导师的指导模式、效果、作用等方面的问题。研究表明，创业导师应该具备丰富的创业经验和专业知识，能够提供个性化、全面性、实践性的指导，促进学生的创新创业能力和实践能力的提高。

（三）创业实践研究

创业实践是应用型高校创业教育的核心环节之一，其实践效果对学生的创业能力和实践能力有重要影响。国内研究者通过问卷调查、案例分析等方式，研究创业实践的模式、效果、作用等方面的问题。研究表明，创业实践应该具有可持续性和系统性，应该注重实践与理论的结合，同时注重对学生的心理辅导和创业教育的规划和评估。

（四）创新创业能力培养研究

创新创业能力培养是应用型高校创业教育的核心目标之一，也是国内研究的重点之一。国内研究者通过问卷调查、实证研究等方式，研究创新创业能力的构成、培养方法、影响因素等方面的问题。研究表明，创新创业能力包括创造力、创新思维、团队合作、风险管理等多方面，应该通过多种形式和方式进行培养，如案例分析、团队项目、实践课程等，同时注重对学生的激励和激发。

国内应用型高校创业教育研究已经开始蓬勃发展，研究者们从不同的角度和层面出发，探讨创业教育的问题，取得了一定的研究成果。然而，目前国内应用型高校创业教育研究仍存在着理论和实践结合不足、研究方法和手段不够多样等问题。因此，今后的研究应该更加注重理论和实践的结合，拓宽研究视野，采用多样化研究手段，为应用型高校创业教育的发展提供更有力的支持和保障。

二、我国应用型高校创新创业教育的现状

近年来，创新创业教育已成为高校教育的重要组成部分。从 2002 年起，教育部在清华大学等 9 所大学开展了创新创业教育试点工作；国务院办公厅于 2015 年印发《关于深化高等学校创新创业教育改革的实施意见》，于 2021 年印发《关于进一步支持大学生创新创业的指导意见》。尽管创业大学生数量有明显增长，但仍然存在一些问题，如创业形式单一、创业领域狭窄、创业长足发展性弱等。在这种情况下，应用型高校的创新创业教育发展势头良好，但总体水平相对较低，创新创业教育融入人才培养体系也面临着一些障碍。因此，我们需要采取一系列措施来改善创新创业教育的现状，从而更好地培养具有创新能力和创业精神的人才。

（一）创新创业意识薄弱

创新创业教育不仅是学校的事，它与社会、家庭等因素也密切相关。创新创业教育是指在教育过程中注重培养学生的创新能力和创业精神，以便他们更好地适应社会发展的需要。创新创业教育是鼓励学生主动创新、创业、就业的过程。它不是对少数有创新能力和商业头脑的学生开展的，而是为每一名学生提供机会，帮助他们开拓创新创业的思维方式，提高其创新和创业能力。

创新创业教育需要学校、社会、家庭等多方面的支持和配合。学校可以通过创新创业课程设置、科技创新竞赛、创新创业实践基地建设等方式来促进学生的创新创业；社会可以为学生提供更广阔的发展平台，提供资金和资源支持，让学生有更多的机会去实践创新创业；家庭可以为学生提供更多的支持和鼓励，培养他们的独立思考和解决问题的能力，从而更好地推动创新创业教育的开展。

创新创业教育是一种全方位、多层次的教育，需要学校、社会、家庭等多方面的支持和协作，让更多的学生受益于创新创业教育，为国家的创新创业发展做出更大的贡献。

我国各地区的经济发展水平不同，对创新创业教育重要性的认识程度也存在差异。在东部及沿海发达地区，人们普遍具有较高的新鲜事物接受度和创新创业意识，对自主创业持支持和推崇的态度。例如，温州地区具有浓厚的创新创业文化氛围，当地的商业文化精神被充分发扬，许多大学生也具有创业的意识和梦想。

当前，大学生参与自主创业的积极性总体较低，取得的成果也不明显，创新思维和创新创业意识相对淡薄，应用型高校的创新创业教育面临着严峻的形势。因此，我们需要采取一系列措施来改善创新创业教育的现状，鼓励和支持更多的大学生参与创新创业。这包括加强创新创业教育的理论和实践培训，为大学生提供更多的创业资源和支持，激发大学生的创新创业热情，同时加强与社会、家庭等各方面的合作，为大学生创新创业提供更加宽广的平台。只有这样，才能更好地推动我国的创新创业教育事业向前发展，为国家的经济繁荣和社会进步做出更大的贡献。

（二）与专业教育融合度低，针对性差

在当前社会背景下，培养学生的创造性已经成为教育中不可或缺的重要部分。然而，受传统基础教育的影响，我国的应用型高校的教育方式相对落后封闭，学生的主观能动性和思维拓展能力受到了严重的制约。这种情况不利于学生的全面发展，也制约了创新创业教育的实施。

另外，由于创新创业教育的学科性质较为特殊，学科体系不明确，学科地位也比较边缘化，没有明确的专业和学科，在教学管理方面也没有得到应有的重视，因而其与大学生的专业教育结合程度低，针对性差，效果不明显。

为了解决这些问题，应用型高校应该积极推进教育方式的改革，营造良好的创新创业教育氛围，为大学生创造更多的机会和平台，激发学生的创新创业热情。同时，加强创新创业教育的学科建设，完善学科体系和提高学科地位，提升教学管理水平，增强创新创业教育的针对性和实效性。只有这样，才能更好地促进学生创新创业能力的提升，为我国的经济和社会发展注入更多的活力和动力。

（三）创新创业教育实践环节薄弱

在创新创业教育过程中，应用型高校确实应该将注意力放在适应社会需求和促进社会发展上，这是应用型高校肩负的重要使命。但是，在实际操作过程中，我们也需要注重大学生个体的发展，尊重他们的个人意愿和追求，为他们提供更多的发展机会和平台，让他们在学校期间就能够获得实践经验、实现创新能力的提升，提高他们的综合素质和竞争力，以期更好地适应社会发展的需要。同时，我们也需要重视教师的角色和作用。创新创业教育需要既具有较高理论和科研水平，又有一定实践经验的从事专门的创业就业教育工作的应用型高素质教师。这样的教师能够更好地指导和帮助学生，更好地促进学生的创新创业能力的提升。因此，应用型高校在开展创新创业教育时，既需要注重适应社会需求和促进社会发展，也需要重视大学生个体的发展。只有这样，才能更好地促进创新创业教育的发展，为国家的经济和社会发展注入更多的活力和动能。

目前，"高等学校创新能力提升计划"要求已成为全面提升学生创新能力的重要目标，各高校也纷纷响应，积极开展大学生创业计划。但是，要想创业计划有效实施，各界需要为学生提供得以发展和成长的平台。有的地方政府为学生创业开办了创业园区，但是很多创业园、创业基地仅仅是形式上的存在，对外缺乏实质性的支持和服务，不能很好地为学生项目成长提供支撑。因此，我们需要更加注重创业园区和创业基地的建设和管理，完善相应的服务体系，为学生提供全方位的创业支持和帮助。这包括加强与企业和投资机构的合作，为学生提供更多的资源和渠道，建立良好的创业生态系统，推动学生项目的健康成长和发展。

另外，我们也需要加强对创业园区和创业基地的监督和管理，制定相关的规章制度，加强对创业企业的评估和审核，避免虚假、不实的情况出现。只有这样，才能更好地推动大学生创业计划的实施，培养更多的创新人才，为国家的经济和社会发展注入更多的活力和动力。

三、国外应用型高校创业教育研究的现状

应用型高校创业教育在国际上已经成为一个备受关注的话题。近年来，随着全球经济和社会的快速发展，越来越多的人开始关注如何通过创新创业来推动社会的进步和发展。因此，应用型高校创业教育也成为越来越多高校教育的重要组成部分。

在国外，应用型高校创业教育已经成为一个非常成熟的体系。从传统的商学院、工程学院到新兴的创业学院，各种形式的创业教育机构层出不穷。同时，创业教育的范围也从传统的商业领域拓展到了各个领域，包括科技、社会企业、文化艺术等。这种形式多样、领域广泛的创业教育模式，已经为学生提供了多种实践机会和培养创新创业能力的平台，并取得了显著的效果。

在这种背景下，国外应用型高校创业教育研究的热度也与日俱增。研究者们从不同的角度和层面出发，探讨创业教育的最佳实践和创新模式，促进学生创新创业能力和实践能力的提高。本部分将介绍国外应用型高校创业教育研究的现状和趋势，以期为国内创业教育的发展提供参考和借鉴。

国外应用型高校创业教育的研究在过去几十年中取得了显著的成果。以下是国外应用型高校创业教育研究的现状。

（一）教育模式方面

国外研究者通过对创业教育模式的比较和分析，探讨创业教育的最佳实践和创新模式。研究表明，创业教育应该注重实践性和跨学科性，注重学生的自主性和创造性，同时应该与行业和社会紧密结合，促进创业生态系统的构建。

（二）教育评价方面

国外研究者通过问卷调查、实证研究等方式，探讨创业教育的评价体系和方法。研究表明，创业教育的评价应该考虑学生的创新创业能力和实践能力，同时应该注重对学生的个性化发展和自我评价的支持。

（三）创业教育质量方面

国外研究者通过对创业教育质量的研究和评估，探讨创业教育的影响因素和效果。研究表明，创业教育质量受多种因素的影响，包括教育内容、教学方法、创业导师等因素，同时创业教育的质量和效果应该通过实践数据和学生评价来进行评估。

（四）创新创业能力培养方面

国外研究者通过问卷调查、实证研究等方式，探讨创新创业能力的培养方法和影响因素。研究表明，创新创业能力的培养应该注重实践性和跨学科性，同时应该通过课程设置、创业导师指导、创业实践等多种方式进行培养。

国外应用型高校创业教育研究已经形成了比较完善的研究体系和方法论。研究者们通过多种方式和手段，探讨创业教育的最佳实践和创新模式，促进学生创新创业能力和实践能力的提升。但是，国外应用型高校创业教育研究也存在着与国内类似的问题，如理论和实践结合不够、研究方法和手段不够多样等问题。

当前，我国正处于经济高质量发展阶段，创新已成为经济发展的重要支撑，地方应用型高校创新创业教育的质量有待进一步提升。然而，与其他国家相比，我国地方应用型高校在创新创业教育方面的起步较晚，校园文化、专业师资、课程体系和实践平台等方面也存在不足。国外应用型高校在创业教育方面注重实践教学、鼓励创新思维、强调跨学科合作和国际化视野等特点值得我们借鉴和学习，为我国探索应用型高校的创业教育提供了借鉴和启示。

四、德国经验对我国应用型高校创新创业教育的启示

德国是世界上工业较发达的国家之一，具有成熟的应用型创新创业教育体系。德国的经验和模式，可以为我国地方应用型高校改革提供重要的参考。本部分旨在分析我国应用型高校创新创业教育的困境，总结德国的经验模式，并提出适合我国地方应用型高校创新创业改革发展的建议。

改革的关键是要从校园文化、师资队伍、课程体系和实践平台等方面入手。在校园文化方面，应加强创新创业文化的建设，增强学生创新创业的积极性和主动性。在师资队伍方面，应注重专业师资的引进和培养，鼓励教师积极参与创新创业教育，并为其提供更多的培训和支持。在课程体系方面，应增加创新创业课程的数量、提升创新创业课程的质量，加强创新创业能力的培养，增强学生的实践能力和创新意识。在实践平台方面，应建立更多的实践基地和创新创业孵化器，为学生提供更多的实践机会和支持，促进学生创新创业能力的提升。

应用型创新创业教育是我国地方应用型高校改革的重要领域。通过借鉴德国的经验和模式，结合我国的实际情况，我们可以为我国地方应用型高校的创新创业教育提供更加有效和可行的方案。

（一）德国创新创业教育模式的特点

德国创新创业教育模式以其独特的特点在国际上备受关注，其创新创业教育注重实践与理论相结合、产学研深度合作、学生创新能力的培养和专业素质的提高。

1.德国拥有完整的创新创业课程体系

德国的创新创业课程涵盖企业创立、财务管理、企业管理等多方面，有数十门课程。德国的创新创业课程体系不仅包括创业政策的解读和商业计划书的撰写等基础知识课程，还包括企业创办流程、企业管理和运营等实用性强的课程，为大学生创业打下了坚实的基础。

此外，德国的高等教育体系分类非常明确，高校主要分为综合型和应用型两种。不同类型的高校侧重点不同。综合型高校侧重于思维创新、理论创新和商业模式创新等方面能力的培养，而应用型高校则更注重技术创新、生存性创业素养等能力的培养。不同类型的高校在自己的擅长领域深耕并高效发展，同时在同一区域内

也会密切合作，共同培育和扶持高质量的创新创业项目。

德国拥有的完整的创新创业课程体系和分类明确的高等教育体系，为创新创业教育的发展提供了良好的环境和基础。我们可以借鉴德国的经验，加强创新创业课程体系的创建，同时明确划分高等教育体系类型，不同类型高校各有所长，共同培育高质量的创新创业项目，为我国的创新创业教育事业做出更大的贡献。

2.德国具有较高的创新创业教学质量

德国高校对创新创业教育十分重视，为了促进创新创业教育的发展，每年都会举办以创新创业为主题的大型会议和论坛。这些活动不仅可以让高校之间交流最新的创新创业研究成果，而且还会邀请许多成功的企业家、高管、投资家和著名的专家学者等来参加使学生有近距离接触这些成功人士的机会。

德国高校在创新创业教育方面拥有水平较高的专业教师和创新创业领域的专家教授。这些教师和专家们不仅在创新创业的教学和研究方面具有丰富的经验和深厚的理论基础，而且在创新创业领域有着丰富的实践经验。他们的加入和支持，使得德国高校的创新创业教育得到了更加深入和全面的发展。

德国高校对创新创业教育非常重视，通过举办大型会议、开展论坛等多种方式，促进创新创业教育的发展。这些经验值得我国高校借鉴和学习。

（二）我国应用型高校创新创业教育的特点

我国应用型高校创新创业教育是随着大众创业、万众创新的发展而兴起的。它以培育学生的创新创业精神和实践能力为目标，通过课程设置、创业实践等方式，为学生提供全面的创新创业教育。与其他国家相比，我国应用型高校创新创业教育具有以下特点。

1.课程设置贴合市场需求

应用型高校注重培养应用型人才，因而其创新创业教育课程设置不但贴合市场需求，而且注重学生实践能力和创新思维的培养，通过将课程内容与市场和行业需求紧密结合，使学生能够更好地适应就业市场的发展趋势。

2.以实践为主导

应用型高校注重学生实践能力的培养，因而创新创业教育十分注重实践课程和实践项目的开展，高校意在通过实践来帮助学生了解创业过程中的各个环节，提升创业实践能力，培养创新思维和实践能力。

3.利用社会资源

应用型高校注重与企业、产业等的紧密合作，因而其创新创业教育更注重与社会资源的融合，通过与企业、产业的合作，为学生提供创新创业的机会和平台，帮助学生更好地了解市场需求和行业动态。

4.重视人才培养

应用型高校注重人才培养，因而创新创业教育更注重学生的个性化发展和职业生涯规划，以学生为中心，通过对学生的人才培养和职业规划，帮助学生更好地发挥自身优势，实现自我价值。

5.政策支持

应用型高校创新创业教育得到了国家的大力支持，国家鼓励和支持高校开展创新创业教育，为学生提供更多创新创业的机会和资源，培养更多的创新型人才。

（三）我国应用型高校创新创业教育借鉴德国创新创业教育的举措

德国在创新创业教育方面拥有较为成熟的模式，尤其是关于应用型高校。德国应用型高校在教育定位上明确，坚持以实际应用为创新创业教育目标，为德国的制造业提供持续驱动力。这种教育模式为德国的创新创业教育提供了强有力的支持，成为德国制造业取得成功的重要保障。

我国地方应用型高校应该借鉴德国的经验，突出应用特点，以实际应用为创新创业教育目标，对创新创业教育进行改革。这是提升我国应用型创新创业教育水平的重要保障。在改革过程中，我国应用型高校需要加强与实际应用相关的课程设置和实践教学，提升学生的实践能力和增加学生的实战经验。同时，学校还需要加强与企业的合作，建立起良好的校企合作机制，为学生提供更多的创新创业机会和平台。这些举措将有助于我国应用型创新创业教育的质量和水平的提高，为我国经济高质量发展做出贡献。

1.营造创新创业校园文化

德国高校拥有浓厚的创新创业文化氛围，这使得德国的创新创业教育得以不断发展并拥有不竭动力。我国应用型高校也应该培育学生追求真理、敢于创新的精神，将文化建设作为创新创业教育中不可或缺的一部分。为此，我国应用型高校需要从以下两个方面入手。

首先，我国应用型高校应该丰富创新创业课程的内容，创新上课方式。课程应该不拘泥于固定的模式，而需灵活多样，充满吸引力。学校可以通过创新教学方式，如 PBL（问题驱动学习）和小组讨论等方式，帮助学生更好地理解和掌握创新创业知识。此外，还可以通过邀请企业家、创业家等实践专家，开展实践案例分析和讨论，帮助学生更好地了解创新创业的现实场景。

其次，我国应用型高校应注重课外创新创业文化建设，依托创新创业社团开展丰富多彩的创新创业活动，吸引学生参加。创新创业社团可以开展创业沙龙、创业竞赛、实践训练、创业指导等多种形式的活动，为学生提供广泛的创新创业交流平台和实践机会。同时，学校还可以鼓励学生参加各种创新创业竞赛，提高学生的创新创业素养和实践能力。

我国应用型高校需要通过丰富课程内容、创新上课方式，以及注重课外创新创业文化建设，提高学生的创新创业能力，进而营造浓厚的创新创业文化氛围。这将有助于推动我国应用型高校的创新创业教育向更高水平发展，为我国经济高质量发展提供坚实支撑。

2.组建创新创业师资队伍

现阶段我国应用型高校创新创业师资力量不足的主要原因是多方面的，包括基础课程教师教学质量较低、专业指导教师和实践指导教师较少等。为了解决这些问题，学校可以考虑采取以下措施：首先，加强对基础课程教师的培训，注重其能力的提高。我国地方应用型高校的基础课程教师多数是非专业教师，需要通过培训和学习提高其专业能力和教学水平。学校可以邀请相关领域的专家和名师开展定期的教学培训，同时还要加强对教师的日常监督和评估，确保教学质量的稳步提高。其次，针对创新创业专业教师，制定更为科学合理的评聘政策。目前，高校评聘职称主要以科研成果为依据，所以很多专业教师将科研放在第一位，忽视了对学生创新创业专业课程的教学和指导。因此，学校应该建立更为科学的评聘制度，重视专业教师的教学能力和贡献，同时也要鼓励教师参与科研和实践活动，以提高其综合素质。最后，加强对学生创新创业活动的支持和帮助。学校可以鼓励学生参加各种创新创业活动，并为其提供相应的资金和资源支持，同时加强对学生的创业指导和实践培训，提高其创新能力和实践能力，为学生未来的创业之路打下坚实的基础。

我国应用型高校为应对当前创新创业师资力量不足的问题，需要采取多种措施，包括加强基础课程教师的培训、制定更为科学的评聘政策以及加强对学生创新创业活动的支持和帮助等，从而建立专业的应用型创新创业师资团队，为培养更多

11

的创新人才提供有力支持。

3.构建创新创业实践平台

德国的应用型创新创业实践平台在促进创新创业成果转化和培养创新人才方面取得了不错的成绩，这为我国地方应用型高校提供了很好的借鉴。针对当前创新创业实践平台建设数量有限的问题，我国地方应用型高校可以考虑采取以下措施：首先，鼓励建设院级和校级创新创业指导平台，为学生提供交流平台和专业指导服务。学校可以成立创新创业指导机构，聘请有经验的专业人士为学生提供指导，开展创业沙龙、创业讲座等活动，鼓励学生创新创业，提高其创业成功率和创新能力。其次，学校可以在现有的专业科研平台的基础上构建创新创业实践平台，将专业科研资源和实践资源有机结合起来，为学生提供更加完善的创新创业支持。在创新创业实践平台上，学校可以开设创业课程、开办创新工坊等，促进创新创业成果的转化和推广。最后，高校应积极与地方企业合作，建立长期合作的创新创业孵化基地。学校可以将优秀的创新创业成果通过企业平台实现商品化，将创新成果推向市场，促进地方经济的发展。同时，企业也可以为学生提供实践机会和创业支持，形成产学研合作的良性循环。

我国地方应用型高校应该借鉴德国的经验，积极探索适合我国环境的创新创业实践平台，建设创新创业指导平台、创新创业实践平台和创新创业孵化基地等，为培养更多的创新人才、推动地方经济发展提供有力支持。

五、我国应用型高校实施创新创业教育的途径探索

创新创业教育的目标是培养具有创新、创造能力和实践能力的复合型人才，以适应经济社会发展的需要。它不仅注重技术与知识的传递，更强调实践和能力的培养。它培养学生独立思考和解决问题的能力，注重学生综合素质的发展和个性化教育，提高学生的社会责任感和职业素养，以应对未来社会的发展变革。创新创业教育不仅关注学生的专业技能培养，更注重他们的创新意识、创业意识、团队协作能力和领导能力的培养，意在为学生未来的发展打下坚实基础。

（一）及时更新创新创业观念

高校应当紧跟时代发展步伐，不断更新教育观念，主动适应社会和市场的需求，真正落实创新创业教育，帮助学生做好创业准备，注重知识和技能的积累。

在当今社会，创新和创业能力已经成为人才市场中的核心竞争力。大学生正处于未来职业生涯的重要阶段，因而应用型高校应该注重培养大学生的创新创业能力，不仅要注重知识的传授，更要注重学生的综合素质和能力的培养。学校应该为学生创设丰富的校园文化活动和实践机会，如校内的创业讲座和比赛、校外的企业实习和社会实践等，为学生创新创业提供更多的机遇和支持。同时，学校应该将创新创业教育贯穿教学全过程，鼓励学生探索自己的兴趣和爱好，培养他们的实践能力和团队协作精神，让他们在大学期间全面发展，做好创业的准备。

（二）注重与专业教育的有机融合

相较于研究型高校，应用型高校更注重学生专业应用能力的培养，并将创新创业教育作为重要的教育目标之一。这种教育理念旨在将专业知识与通识教育相结合，为学生提供更全面的教育体验。在专业课程方面，应用型高校注重将创新创业实践性内容融入其中，并通过各种形式的实践活动来促进学生创新创业能力的提高。这种方法能够有效提高学生的综合素质，并加强专业教育与创新创业教育的有机融合。

首先，我们需要建立一个科学完善的课程建设体系，其中应该包括创新和创业相关的知识内容。我们需要加强与专业实践教学的有效衔接，为学生提供更多的创新和创业实践机会。我们应该注重培养学生的创业意识和企业家精神，以激发学生的主观能动性。

其次，我们应该将创新创业教育与专业和学科优势相结合，鼓励学生探究式学习，在研究和开发中学习，在实践中学习。我们需要注重学生的创业基础、职业规划、就业指导等课程的学习，并更加强调与专业课程联系紧密的、能够反映社会需求的创新创业知识内容的教学。同时，我们需要搭建实践与教学、企业与课堂之间的互动渠道，以建构适应社会发展所需的知识体系，并不断提高学生学习和更新知识的能力。

最后，我们应该大胆尝试创业类体验教育。应用型高校可以组织学生积极争取创新创业项目，进一步实施孵化、强化专业技能、在创业团队中锻炼成长等体验式教育。同时，应用型高校也可以利用自身办学优势，为学生提供创业就业实践的场所，鼓励学生利用课余时间与社会对接，让学生提前适应社会需求，积累实践经验。通过这种方式，学生可以在实践中感受到创业的乐趣，同时也能够更好地掌握相关知识和技能，为将来的创业道路奠定坚实的基础。

（三）搭建创新创业实践教学平台

实践教学是培养学生实践能力和创新能力的重要环节，也是提高学生社会职业素养和就业竞争力的重要途径。只有在"实践—认识"不断往复中，才能增强学生动手动脑的能力。创业是一项实践性很强的活动，学生除了需要进行系统的理论学习外，还需要通过各种各样的创业实践活动来强化创业意识、培育坚定的创新创业意志，并运用已学的创业理论，将其转化为自身的创新创业技能。

一方面，应用型高校可以适当加大资金投入，积极改善教学条件，组织有序的企业观摩、创业体验、企业文化教育，为学生提供在现场感受创业、体验创业的机会，调动学生创业就业的主动性。另一方面，应用型高校应该加强与各类公司、工厂的联系，建设具有创业指导功能的校内实训基地和若干个校企合作、资源共享的校外实训基地，构建适应创新创业理念的实践教学平台。这样可以提高学生的实践能力和创新能力，增强他们的创业意识，提高他们的就业竞争力，为社会和国家的发展做出贡献。

学校和学生社团应该组织学生勇于走出校园，走向服务社会的最前线，为区域经济的发展提供劳务服务和技术支持，并为社会贡献力量。同时，应该深入开展各类勤工助学活动，帮助学生培养自强自立、艰苦奋斗的创业精神和社会适应能力，让学生切身体会到创业的艰辛和乐趣，并为其将来在岗位上开创新业绩奠定基础。

（四）充分利用学生社团组织

大学生社团组织在推动高校创新创业教育方面扮演着重要的角色。这些社团是由学生自愿组建起来的，其在校园文化建设和高校"第二课堂"中具有重要的影响力。通过大学生社团组织，学校可以加强与社会的联系，使得学生能够更好地了解社会并为其学习、生活和工作服务。在这一过程中，学生可以获得实践经验并提高创新能力。

应用型高校应该积极鼓励学生成立创新创业社团，以营造积极健康的创业教育氛围，充分发挥校园文化的作用。校园传媒也应该加入进来，发挥其宣传推广的作用，激发学生的创业积极性。为此，学校可以采取以下具体措施：宣讲国家和地方为促进大学生创业的优惠政策及相应措施的办理流程；开展形式多样的创业实践活动，如各级各类专业技能竞赛、创业类技能竞赛、创业设计活动等，这些活动能够促使学生思维的多元化，提升学生的综合素质；此外，还可以邀请成功创业人士走进校园，对学生进行现场辅导和讲授，分享其成功创业的经验和故事，这样能够给学生提供积极的示范作用，激发学生的创业热情。

（五）建设专业的师资队伍

创业的核心在于创新，为了培养高素质创新和应用型人才，应用型高校应该注重传授创新创业知识，提高学生的创新意识、创业意识、创业能力和实践动手能力，这是非常重要的。

创新创业教育成功的关键在于"人"，而师资队伍则直接决定着创新创业型人才的培养质量。创业教育涉及面广、实践性强，学科之间存在交叉和联系性，这对应用型高校承担创新创业教育的教师素质提出了更高的标准和要求。此外，结合现代社会经济发展的新常态来看，教师还需要了解现代企业管理制度和市场经济的运行规则。

专业的创新创业教育教师应该采用互动式、感悟式的教学方式，在教授学生创业必备知识的同时，从思想上激发学生创新创业的热情，挖掘他们的潜能，帮助他们自觉提升综合素质和能力。

第二节 创业教育的研究意义和内容

目前，我国正加快构建以国内大循环为主体、国内国际双循环相互促进的新发展格局。创新创业在经济发展中扮演着越来越重要的角色，应用型高校作为高等教育中的重要组成部分，其教育目标和职业导向性十分明确。创业教育作为应用型高校教育的重要组成部分之一，已经受到越来越多的关注和重视。在当前社会经济形势下，培养大量创新创业人才已成为实现经济转型升级和社会发展的必然选择。应用型高校创业教育的发展，不仅对学生个人的职业发展具有重要意义，而且对推动区域经济发展和社会进步也有着重要的作用。

一、应用型高校创业教育的背景

随着我国市场经济的发展，创新创业成为推动经济发展的重要力量。而应用型高校作为培养技术技能型人才的重要阵地，也逐渐意识到创业教育的重要性，开始加强创业教育的实践和研究。社会经济发展对人才的需求日益增加，传统的就业模式已经不能满足大学生就业的需求，创业成为越来越多大学生的选择。同时，国家也发出了大力推动大众创业、万众创新的号召，为应用型高校开展创业教育提供了政策和资源支持。因此，应用型高校加强创业教育实践和研究已经成为当今时代的必然趋势。

（一）国家政策支持

当前，我国政府高度重视创业教育，相继出台了一系列鼓励创新创业的政策，如《国务院办公厅关于进一步支持大学生创新创业的指导意见》（国办发〔2021〕35 号）等，为应用型高校开展创业教育提供了政策保障和支持，激发了学生创新创业的热情。

国家政策支持是应用型高校创业教育发展的重要保障。当前，我国政府高度重视创业教育，在"大众创业、万众创新"、打造"双创"升级版等政策的支持下，应用型高校创业教育得到了迅速发展和广泛关注。

"大众创业、万众创新"政策的出台，为各类创业者和创业项目提供了政策扶持和保障。应用型高校创业教育积极响应国家政策，为学生提供了更加丰富和实用的创业课程、实践项目和创业支持服务。同时，政府也加大了对高校创业教育的资金投入和政策扶持力度，鼓励应用型高校开展创业教育和创新创业活动，以期培养更多的创新创业型人才。

政府还出台了一系列关于知识产权、税收、融资等方面的扶持政策，为创业者提供了更加优惠和便捷的政策支持。在这种政策环境下，应用型高校创业教育不断拓展创业实践渠道，通过校企合作、创业孵化器等创新模式，为学生提供更多的创业支持和资源，为学生的创业铺平了道路。

国家政策支持是应用型高校创业教育发展的重要保障，政策的出台为应用型高校创业教育提供了更多的发展机遇和政策支持，为学生创新创业提供了更加优越的创业环境和条件。

（二）经济转型

当前，我国大力推动经济转型升级，经济高质量发展态势平稳，供给侧结构性改革不断深化，创新引领作用持续增强，经济发展新动能指数较快增长，产业结构调整持续优化，绿色低碳转型不断深入，经济转型升级取得新进展。这使得我国的创新创业发展格局发生了根本性变化。应用型高校的创业教育正是紧密结合这种趋势发展起来的，通过为学生提供更多创新创业的机会，为社会经济发展注入新的活力和动力。

应用型高校创业教育发展顺应经济转型趋势。当前，我国正处于经济转型重要时期。在这个转型过程中，应用型高校创业教育能够更好地适应和满足经济转型的需要，为学生提供更多的实践机会和支持，培养更多的创新创业型人才，为新经济发展注入新的活力和动力。

应用型高校创业教育能够推动产业升级和转型。经济转型需要有更多的高新技术和新产业的发展做支撑，同时也需要有更多的创新创业型人才和企业家来推动产业升级和转型。应用型高校创业教育，能够培养更多的创新创业型人才和企业家，为产业升级和转型注入新的活力和动力。

应用型高校创业教育也能够推动就业和创业。随着经济转型的加速，就业市场也在不断发生变化，创新创业能够为就业提供更多的机会和选择。应用型高校创业教育能够为学生提供更多创新创业的机会和平台，让学生具备更多的创业能力和经验，从而增强他们的就业竞争力和提高其创业成功率。

（三）教育改革

当前，我国教育改革正在推进，加快补齐教育短板，坚持立德树人的根本任务，坚持创新引领创业、创业带动就业。教育部和各地教育部门推出了一系列创新创业教育的政策和措施，以提高高等教育教学质量和人才培养质量。应用型高校创业教育的发展与教育改革密不可分，为推进教育改革提供了有益的探索。

教育改革提出了人才培养新要求。当前，推进人才培养范式的变革已经成为高等教育改革的重要方向之一。教育改革提出要培养适应经济社会发展需要的高素质人才，这就需要高校将人才培养与社会需求更好地结合起来。应用型高校创业教育的发展与教育改革密不可分，应用型高校创业教育能够紧密结合教育改革的要求，为学生提供更多创业实践机会和培训课程，意在提高学生的实践能力、培育其创新精神，培养更多的创新创业型人才。

教育改革提出了提高教学质量的要求。教育教学质量是学校发展的生命线，是社会衡量学校优劣的重要标志。教育改革提出了要加强实践教学、创新创业教育等方面的教育改革措施。应用型高校创业教育能够将实践教学与理论课程相结合，为学生提供更加全面和深入的教学服务，完善教学质量保障体系，提高教学质量。

教育改革提出了开展创新创业教育的要求。当前，创新创业已经成为全社会关注的焦点，教育改革提出了要推进创新创业教育，培养更多的创新创业型人才。应用型高校创业教育能够紧密结合教育改革要求，开设更多创新创业课程、推出创业支持计划、组织创业实践活动等，为学生提供更多的创新创业教育资源和支持，提高学生的创新创业能力和实践能力，培养更多的创新创业型人才。

教育改革使应用型高校创业教育能够紧密结合教育改革的要求，为学生提供更多的实践机会和培训课程，提高学校教学质量和学生创新创业能力，培养更多的创新创业型人才。

（四）人才培养需求

当前，我国高等教育人才结构调整面临的挑战越来越突出，应用型高校需要更加注重学生实践能力和创新精神的培养，以提高学生的综合素质和竞争力。人才培养、科学研究、社会服务、文化传承创新和国际交流合作是高校的五大职能，其中培养创新创业人才是人才培养的重要组成部分。

应用型高校创业教育是一个在全球范围内越来越受关注的领域，因为创业在现代经济中扮演着重要的角色。创业者不仅能够创造新的就业机会和经济增长，而且能够带来新的商业模式和创新产品，进一步推动经济发展。因此，应用型高校开始意识到他们需要为学生提供更全面的创业教育，以培养具备创业意识和创新能力的人才。这种背景下的人才培养需求主要包括以下几个方面。

1.创业精神和创新能力

应用型高校需要培养具有创新思维和创业精神，能够在未来的职业生涯中独立思考、勇于尝试并不断创新的人才。

2.跨学科综合能力

创业涉及多个学科领域，如市场营销、财务管理、法律等。应用型高校应注重培养学生的综合能力，并使其具备跨学科的知识背景，能够掌握多领域的专业知识，快速解决问题。

3.团队合作和领导能力

创业往往需要团队合作，应用型高校应注重学生良好的团队合作和领导能力的培养，使其具备能够带领团队共同实现目标的能力。

4.企业家精神和社会责任感

创业者需要具备企业家精神和社会责任感。应用型高校应注重对学生在创新创业的道德规范和社会责任感方向的培育。

（五）创新创业政策扶持

在应用型高校创业教育的背景下，政策扶持是推动创新创业的重要手段之一，政策的出台可以为创业者提供资源和支持，帮助他们克服创业过程中遇到的各种困难。以下是一些创新创业政策扶持的例子。

1.创新创业孵化器

政府在高新技术园区和经济开发区建立了创新创业孵化器，而应用型高校也在学校内部大力建设众创空间，为创业者和学校学生提供物业和场地、资金、技术等方面的支持，帮助他们快速成长。

2.创业资金支持

政府通过各种渠道向创业者提供资金支持，如创业基金、一次性创业补贴、创新券、贷款、税收优惠等，帮助创业者突破资金瓶颈，推动创业项目的落地。

3.创新创业人才培养支持

政府通过各种形式支持应用型高校创新创业人才的培养，如设立创业管理专业、资助学生参加创业培训、鼓励学生参与创新创业竞赛等，以培养更多具备创新创业精神和能力的人才。

4.创新创业评选奖励

政府举办各种创新创业大赛和评选活动，为优秀的创业项目和创新人才提供奖励，激励更多的人参与到创新创业中来。

在应用型高校创业教育的背景下，政策扶持是创新创业的重要推动力量，政府通过各种渠道为创业者提供资源、资金、技术和培训等方面的支持，推动创业项目的落地，促进经济的繁荣和发展。

（六）产业升级需求

我国正处于产业升级的关键阶段，推动传统产业向高新技术产业转型升级已成为重要任务之一。应用型高校创业教育的发展也应紧密结合产业升级需求，培养创新创业型人才，为新产业和新业态的发展注入新的动力。

在应用型高校创业教育的背景下，产业升级需求是推动创新创业的重要动力之一。随着经济的发展变化和产业结构的调整，许多传统产业已经失去了活力，需要进行升级转型，同时新兴产业也需要不断发展。应用型高校需要积极响应这种产业升级需求，通过创业教育帮助学生掌握相关知识和技能，从而使其在未来的职业生涯中更好地适应变化的市场需求。

（七）校企合作

随着经济的不断发展和市场竞争的日益激烈，应用型高校与企业之间的合作越来越密切。校企合作不仅能为学生提供更多的创业机会和创业资源，同时也能让企业获得更多的人才支持和技术支持。

1.产学研合作

应用型高校与企业进行产学研合作，共同开展技术研究和开发，为企业提供技术支持和服务，帮助企业提升产品和服务质量。另外，学生还可以通过这种合作形式参与到企业的实际项目中，获得实践机会和就业经验。

2.实习就业合作

应用型高校与企业进行实习就业合作，为学生提供实习和就业机会，帮助学生了解企业的实际运作和管理方式，同时也能为企业输送优秀的人才。

3.企业讲座和实践课程

应用型高校邀请企业专家和管理人员到校开展讲座和实践课程，让学生了解企业的商业模式和管理理念。

4.创业基地和孵化器合作

应用型高校和企业合作设立创业基地和孵化器，为学生提供创业资源和支持，如场地、资金、技术等，帮助学生创业。

在应用型高校实施创业教育的背景下，校企合作模式可以为学生提供实践机会、资源共享、技术支持等，帮助学生更好地融入实际的商业运作中，提升其创业的成功率。同时，校企合作也可以促进产业升级和经济发展。

我国应用型高校创业教育的背景十分复杂和多样化。应用型高校需要结合国家政策和产业发展趋势，注重创业教育的实践性和应用性，为学生提供更多的实践机会和支持，培养更多的创新创业型人才，为我国的经济转型和社会发展注入新的活力和动力。

二、应用型高校开展创业教育的目的和意义

应用型高校创业教育的目的是培养学生创新创业意识和能力，促进学生将所学知识与实践相结合，掌握市场营销、财务管理、人力资源管理等基本管理知识和技能，为将来从事创业或管理工作打下坚实的基础。

（一）培养学生的创业意识和创新精神

创业教育对于学生创业意识和创业素养的培养具有重要的意义。通过创业教育，学生可以掌握创业的基本概念、特点和要素，了解创业的风险与机遇，激发创业热情和创新精神，提高自身的自主创业能力。

首先，创业教育可以帮助学生了解创业的基本概念和特点。创业是指把握市场机会，以创新的方式创造和组建新的企业，创造经济和社会价值的过程。创业具有不确定性、风险性和创新性等特点。通过创业教育，学生可以了解创业的基本概念和特点，为进一步了解创业打下基础。

其次，创业教育可以帮助学生了解创业的要素和成功的条件。创业要素包括创意、市场、人才、资金、管理等方面。创业者需要具备创新能力、市场营销能力、人力资源管理能力、财务管理能力等方面的素质。通过创业教育，学生可以了解创业的要素和成功的条件，为创业打下基础。

再次，创业教育还可以激发学生的创业热情和创新精神。创新是推动社会进步和经济发展的重要力量。通过创业教育，学生可以了解创新的重要性和作用，激发创新精神和创业热情，促进自身在创业过程中不断地进行创新和改进。

最后，创业教育还可以提高学生的自主创业能力。自主创业是指学生在创业过程中独立思考、自主决策、自主管理、自主创新的能力。通过创业教育，学生可以不断地提高自己的自主创业能力，为自己的创业之路打下坚实的基础。

（二）培养学生的复合型和通用型管理能力和技能

创业需要多方面的管理知识和技能做支撑，因而应用型高校创业教育需要重点培养学生在市场营销、财务管理、人力资源管理等方面的能力，为他们将来的创业和管理工作打下基础。

首先，市场营销是创业过程中必不可少的环节，应用型高校创业教育需要培养学生的市场分析和营销策略制定能力，使他们更好地了解市场需求和竞争情况，从而能够制定有效的营销策略，提高企业的竞争力。

其次，财务管理是企业运营的核心，应用型高校创业教育需要培养学生的财务分析和管理能力，让他们了解企业财务的基本概念和方法，掌握财务报表分析技能，从而能够制定有效的财务策略，提高企业的盈利能力和经营效率。

最后，人力资源管理是企业发展的关键，应用型高校创业教育需要培养学生的人力资源管理能力，让他们了解人力资源管理的基本原理和方法，掌握人力资源管理技能，从而能够制定有效的人力资源管理策略，提高企业的员工满意度和企业的组织效率。

（三）培养学生的团队协作和领导能力

创业需要团队协作，因而应用型高校创业教育需要培养学生的团队协作能力和领导能力，让他们了解团队合作的基本原则和技巧，掌握团队建设和领导团队的方法和技巧。

首先，团队协作能力是创业团队成功的基石。在创业过程中，团队成员需要通过紧密协作完成各项工作。因此，应用型高校创业教育应该教会学生如何组建一支高效的团队，包括如何划分团队成员的角色分工和责任、如何沟通和协调团队成员之间的关系，以及如何利用团队成员的优势来提高工作效率。此外，还应该让学生了解如何解决团队内部出现的问题，保持团队合作的稳定性。

其次，领导能力也是创业团队成功的重要因素。在创业团队中，需要有一个有能力的领导者来指导和协调各项工作。应用型高校创业教育应该教会学生如何成为一名优秀的领导者，包括如何确立团队目标和制订工作计划、如何激发团队成员的积极性和创新精神，以及如何做好团队成员的激励和奖惩工作。此外，还应该让学生了解如何建立一个强大的领导团队，通过共同合作实现创业目标。

最后，创业教育还应该鼓励学生积极参与社交活动，扩大人际关系网，培养与人沟通、协商和合作的能力。这些都是在创业过程中必不可少的能力，可以为学生未来的创业和职业生涯打下坚实的基础。

（四）培养学生的创业计划编写和创业项目管理能力

创业计划编写和创业项目管理是创业的重要工作，因而应用型高校创业教育需要培养学生的创业计划编写和创业项目管理能力，让他们了解创业计划编写和创业项目管理的方法和技巧，为其将来的创业和管理工作做好准备。

首先，创业计划编写是一项重要工作。一个好的创业计划能够为创业者提供明确的发展方向和目标，从而有助于提高其创业的成功率。在应用型高校创业教育中，学生需要学习如何编写创业计划，包括如何划分创业计划的构成要素、如何分析市场和竞争对手、如何确定产品和服务定位等。这些技能可以帮助其更好地规划创业项目，使项目具有可行性和可持续性。

其次，创业项目管理也是创业的重要内容。创业项目管理包括项目组织、资源配置、进度控制、风险管理等方面，对于保证创业项目的顺利进行和实现预期目标至关重要。在应用型高校创业教育中，学生需要学习如何进行项目管理，包括如何制订项目计划、如何管理团队、如何监督进度和进行风险控制等。这些技能可以帮助他们更好地管理创业项目，使其顺利地完成。

最后，应用型高校创业教育还需要注重实践教学。实践教学可以让学生在真实的创业环境中进行学习和实践，了解创业项目的具体实施和管理技巧。例如，学生可以参加创业比赛、参与实习等，通过与创业导师和其他创业者的交流和互动，学习和掌握实用的创业知识和技能。

（五）帮助学生了解创业的风险和机遇，提高学生的创业成功率

创业是一项具有高风险和高回报的活动，尤其是对于初次创业的人来说，风险更是不可避免。通过创业教育，学生可以了解创业的风险和机遇，避免盲目冒险，提高创业成功率。

首先，创业教育可以帮助学生了解创业的风险和挑战。在创业过程中，风险和挑战是不可避免的。通过学习创业教育，学生可以了解创业的风险和挑战，了解创业者需要具备的创新能力、市场洞察力、资金管理能力、团队管理能力等能力要求。同时，学生也可以学习如何应对创业过程中的挑战和困难，从而更加深入地了解创业过程中需要面对的风险，提前准备好应对策略，避免盲目冒险。

其次，创业教育可以帮助学生了解创业的机遇。虽然创业具有高风险，但是也存在着巨大的机遇。通过创业教育，学生可以了解创业市场的前景和趋势，把握创业机遇，制订适合自己的创业计划和策略，以此提高创业成功率。此外，学生还可以学习如何运用创业工具和技术，发现创业机会，从而更好地利用创业机遇。

最后，创业教育可以培养学生的创新能力和创业精神。创业需要创新能力和创业精神的支持。通过创业教育，学生可以了解如何提高自己的创新能力，学习如何创造独特的商业模式和产品，以及如何适应不断变化的市场环境。同时，创业教育还可以激发学生的创业精神，培养他们自信、决断、具创造力和团队合作精神，让他们能够更好地应对创业过程中的挑战。

23

应用型高校创业教育的目的在于培养学生的创业意识和创业能力，为学生将来的创业和管理工作做好准备。在当今竞争激烈的社会中，创新和创业已经成为经济发展和社会进步的重要推动力量。应用型高校作为培养高素质应用型人才的重要基地，面对未来经济发展的挑战和机遇，开始逐渐重视创业教育的意义和作用。创业教育不仅可以帮助学生掌握各种创业知识和技能，还能够培养学生的团队合作和领导能力、跨学科综合能力等多种能力。这些能力不仅对于学生未来的创业发展有着重要的促进作用，也有助于提高学生的就业竞争力。

应用型高校创业教育是指为学生提供创新创业培训和支持，培养学生的创新能力、创业精神和实践能力的教育。

1. 培养创新思维和创业精神

应用型高校创业教育可以培养学生的创新思维和创业精神，让学生具备发现问题、解决问题和创造价值的能力。这些能力不仅对学生未来的创业发展有着重要的促进作用，也有助于提高学生的就业竞争力。

应用型高校创业教育的意义之一在于培养学生的创新思维和创业精神。使学生具备解决问题和创造价值的能力，从而提高学生的创新和创业成功率。

（1）激发学生的创新思维

应用型高校创业教育注重学生创新思维的培养，帮助学生不断探索和尝试新的思路和方法，从而提高学生解决问题的能力。在创业过程中，创业者需要不断创新，探索新的商业模式和经营方式，应用型高校创业教育的培养可以让学生从根本上掌握创新的本质和方法。

（2）培养学生的创业精神

应用型高校创业教育注重学生创业精神的培养，帮助学生具备自我驱动、勇于冒险、不畏失败的创业心态。在创业过程中，创业者会面临许多挑战和风险，只有有足够的勇气和毅力才能克服这些困难，而应用型高校创业教育的培养可以让学生在学习和实践中不断锤炼创业精神。

（3）培养学生的市场敏感度

应用型高校创业教育注重学生市场敏感度的培养，帮助学生了解市场需求和趋势，从而更好地把握商业机会。市场需求和趋势的有效识别是创业成功的重要因素之一，应用型高校创业教育的培养可以让学生从市场角度来审视问题和发掘商业机会。

（4）培养学生的创造力

应用型高校创业教育注重学生创造力的培养，帮助学生在创新创业过程中发挥自身的创造力，从而提高商业的竞争力。创造力是创新的源泉，应用型高校创业教育的培养可以让学生不断开拓创新领域，不断创造出更具竞争力的商业产品和服务。

2. 培养实践能力

应用型高校创业教育注重学生实践能力的培养，让学生能够在实践中学习、探索和成长。通过参与创业项目、实践课程和实习等活动，学生可以更好地了解企业的运作和管理，掌握实际工作技能，提高自身的实践能力。

应用型高校创业教育的意义之一在于培养学生的实践能力，让学生通过实践来学习、探索和成长，从而提高学生的创业成功率和就业竞争力，为学生的综合素质教育和职业发展提供有力支持。

（1）实践能力是创业成功的关键影响因素

创业需要面对各种各样的挑战和困难，而实践能力可以让学生更好地适应实际情况，从而提高创业的成功率。

（2）实践能力是就业竞争力的重要体现

随着社会的发展，越来越多的企业更加注重应聘者的实践经验和能力，而应用型高校创业教育的实践教学可以让学生在实践中锻炼自己，提高自身的实践能力和就业竞争力。

（3）实践能力的培养是综合素质教育的必要组成部分

应用型高校创业教育的实践教学可以帮助学生从多个角度来综合分析和解决问题，培养学生的跨学科综合能力、团队合作和领导管理能力等多种能力，为学生的综合素质教育提供有力支持。

（4）实践能力的培养是学生职业发展的重要保障

实践能力的培养可以让学生更好地了解自己的职业兴趣和发展方向，帮助学生为未来的职业生涯做好规划和准备，提高自身的职业竞争力。

3. 促进产业升级和经济发展

创新创业能够推动新技术和新产品的研发和推广，带动新兴产业和创新型企业的发展，进而推动经济的繁荣和发展。应用型高校创业教育能够培育创业者和创新人才，为产业升级和经济发展提供源源不断的动力和支持。

应用型高校创业教育的意义之一在于促进产业升级和经济发展，通过培养创新人才和创业者、推广创新技术和产品、推动产业和高校之间的合作、提升地方经济发展水平等方式，为产业和经济的发展提供源源不断的动力和支持。

（1）培养创新人才和创业者

应用型高校创业教育的培养可以让学生具备创新思维和创业精神，成为创新型企业和创业者的重要人才来源。创新型企业和创业者的成功可以推动产业升级和经济发展。

（2）推广创新技术和产品

应用型高校创业教育可以促进创新技术和产品的推广，带动新兴产业和创新型企业的发展，推动产业升级和经济发展。

（3）推动产业和高校之间的合作

应用型高校创业教育可以促进产业和高校之间的合作，让产业更好地了解高校的技术和人才资源，从而提高产业创新和发展的能力。

（4）提升地方经济发展水平

应用型高校创业教育可以提高地方经济发展的水平，带动当地经济的发展和繁荣，提高地方的经济实力和竞争力。

4.培养团队合作和领导能力

应用型高校创业教育强调团队合作和领导能力的培养。这些能力不仅对于创业项目的成功有着重要的促进作用，也有助于提高学生的综合素质和强化社会责任感。

综上所述，应用型高校创业教育的意义在于，它能够培养学生的创新能力、创业精神和实践能力，提高学生的就业竞争力和创业成功率；同时，也能够促进产业升级和经济发展，为社会进步和发展做出贡献。

应用型高校创业教育的目的是培养学生的创新思维和实践能力，让学生掌握创业的理论和实践知识，为其将来的创业道路打下坚实的基础。

三、应用型高校创业教育的内容

随着社会的发展，创业教育在高校中越来越受到重视。尤其是应用型高校，更加注重培养学生的创新能力和实践能力，培养学生的创业精神和创业技能已经成为其发展的必然要求。

（一）创业意识和创业素养教育

创业意识是指学生具备创业思维、创业意愿、创新能力和风险意识等方面的能力。创业素养是指学生具备创业所需的基本知识、技能和态度等方面的素养。应用型高校创业教育应该注重培养学生的创业意识和创业素养，包括对市场需求的认识、创新创意的培养、商业模式的设计和市场营销等方面的训练。

应用型高校创业教育的核心目的是培养学生的创新创业能力，使其具备创新创业的基本素质和能力，为社会和经济发展提供人才支持。在这方面，创业意识和创业素养方面的教育是至关重要的。

首先，创业意识的培养是应用型高校创业教育的重点之一。创业意识是指学生具备创业思维、创业意愿、创新能力和风险意识等方面的能力。在创业教育中，学生需要通过多种方式了解创业的风险和机遇，以及创业所需的能力和素质。学生需要了解市场需求、创新创意、商业模式设计和市场营销等方面的知识和技能，同时也需要了解创业的风险和挑战。学生创业意识的培养需要通过实践教学、导师辅导、创业实践等方式进行，在实践中形成创业的意识和习惯。

其次，创业素养的培养也是应用型高校创业教育的重要内容。创业素养是指学生具备创业所需的基本知识、技能和态度等方面的素养。这些素养包括了市场分析、商业计划书编写、财务管理、团队协作等方面的知识和技能。在创业教育中，学生需要通过课堂教学、实践教学、实习实训等方式进行学习。创业素养的培养需要注重理论与实践的结合，同时也需要注重团队合作和领导能力的培养，为学生的创业实践提供有力的保障。

创业意识和创业素养的培养是应用型高校创业教育的重要目标。通过创业意识和创业素养的培养，学生可以具备创业所需的思维、能力和素养，为自身的创业实践提供有力的支持和保障，进而为社会和经济的发展做出贡献。

（二）创业课程教育

应用型高校创业教育的课程设置应该紧密结合创业实践，包括创业理论课程和创业实践课程两个方面。创业理论课程主要包括创业管理、市场营销、创新创意、商业计划书撰写等；创业实践课程以实际创业项目为基础，注重市场调研、商业模式设计、商业计划书撰写等实践性操作。

应用型高校创业教育的课程设置应该既能够培养学生的创业理论知识，又能够让学生将所学知识应用到实际中。因此，创业教育的课程设置应该紧密结合创业实践，具有一定的针对性和实用性。

创业理论课程是创业教育的重要组成部分。这些课程主要包括创业管理、市场营销、创新创意、商业计划书撰写等。创业管理课程主要是讲解如何管理创业企业，包括如何制定战略、如何运营、如何管理人员等方面的知识。市场营销课程主要是讲解如何进行市场营销，包括如何进行市场调研、如何制定营销策略、如何进行促销等方面的知识。创新创意课程主要是讲解如何进行创新创意，包括如何寻找创新点、如何进行创意创新、如何将创意转化为商业模式等方面的知识。商业计划书撰写课程主要是讲解如何撰写商业计划书，包括如何进行市场分析、如何制定商业模式、如何制订财务计划等方面的知识。

创业实践课程是创业教育的另一个重要组成部分。这些课程是以实际创业项目为基础，主要进行市场调研、商业模式设计、商业计划书撰写等实践性操作。

在这些课程中，学生需要结合实际情况，深入分析市场需求，了解竞争情况，制定创业方案，撰写商业计划书，并通过模拟经营、实地调研等方式进行实践操作。通过这些实践性操作，学生能够将所学的理论知识应用到实际中，并从实践中获取更为深刻的体验和认识。

需要注意的是，创业理论课程和创业实践课程之间应该相互衔接，创业理论课程是创业实践课程的理论基础，而创业实践课程是创业理论课程的实践应用。只有理论和实践相结合，才能够真正地提高学生的创业能力和实践能力。

（三）创业实践教育

应用型高校创业教育应该重视创业实践教育，通过创业实践活动，让学生了解实际市场情况，掌握实际创业经验，培养学生的创业能力和实践能力。具体的实践活动可以包括开设校园创业大赛、创业训练营、创业实践基地等形式。

创业实践教育是应用型高校创业教育中至关重要的。它通过实际操作和实践活动，让学生在实际创业过程中掌握实践经验和创业技能，进而提高学生的创业能力和实践能力。

首先，举办校园创业大赛是一种常见的创业实践方式。校园创业大赛可以促进学生间的交流和合作，让学生把自己的创业想法付诸实践，获得实际创业经验，了解市场需求和竞争状况，提高学生的创业能力和实践能力。

其次，开办创业训练营也是一种很好的创业实践方式。创业训练营可以在短时间内向学生传授一些创业知识和技能，让学生了解市场需求和商业模式，同时进行实际操作和实践演练，培养学生的创业意识和创业素养。

最后，创立创业实践基地也是一种重要的创业实践方式。学校可以与企业合作，建立创业实践基地，让学生深入企业，了解企业运营和管理，开展实际创业项目，获得创业经验和技能。

创业实践教育是应用型高校创业教育中不可或缺的一部分，它可以让学生在实践中掌握创业技能、积累经验，提高自身竞争力和就业能力。

（四）创业导师指导

应用型高校创业教育应该设立专门的创业导师团队，引进优秀创业导师，为学生提供创业指导、创业辅导和资源整合等服务。创业导师可以根据学生的不同需求和情况，提供个性化的指导和帮助。

应用型高校创业教育的成功，不仅取决于教学内容和教学方法的质量，还需要有专业化的创业导师团队的支持和帮助。创业导师团队的存在可以为学生提供更具针对性和专业性的指导和支持，有助于学生更快地掌握创业技巧和方法，提高自身创业的成功率。

首先，应用型高校创业教育的导师团队需要引进优秀的创业导师。这些导师应该具备专业的创业经验和丰富的实践经验，并能够根据不同的创业项目，为学生提供个性化的创业指导和建议。这些导师可以从业界、企业、投资机构等领域招募，他们有着丰富的行业经验，还可以帮助学生建立与企业、社会资源的联系，帮助学生实现创业梦想。

其次，创业导师团队需要为学生提供创业辅导和资源整合服务。创业导师团队可以通过对学生的商业计划书进行评估和指导，帮助学生厘清创业方向，避免其创业失败。同时，团队还应该为学生提供资源整合服务，帮助学生获取资金、技术和市场等多种资源，帮助学生顺利开展创业活动。

最后，创业导师团队需要与学校、社会多方密切合作，建立良好的创业生态系统。团队可以组织创业讲座、创业大赛等活动，以期增强学生的创业意识和创业能力。同时，团队还可以协助学校建立创业孵化基地和创业加速器等机构，为学生提供更加完善的创业服务体系。

（五）创业资源整合

应用型高校创业教育应该积极整合创业资源，包括政策资源、资金资源、人才资源等，为学生提供全方位的支持和服务，促进学生创业的成功。

应用型高校创业教育的目的是培养创新创业人才，帮助他们在创业过程中获取成功。为了实现这一目标，创业教育不仅需要提供课程教育，还需要整合创业资源，为学生提供全面的支持和服务。

首先，政策资源是创业教育中的重要组成部分。政府出台的相关政策可以有效鼓励和支持学生创业，为学生提供便利和支持。应用型高校可以积极引导学生了解创业政策，为学生提供政策咨询服务。同时，应用型高校可以积极申请相关政府项目，为学生提供更多的创业机会和支持。

其次，应用型高校可以为学生提供创业基金、创业投资等资金支持，帮助学生解决资金问题。此外，应用型高校还可以积极引导学生了解相关的投资渠道，帮助学生更好地获取投资。

最后，人才资源也是创业教育中非常重要的一环。应用型高校可以积极引导学生了解创业团队的组建，帮助学生在创业过程中寻找到适合的合伙人和人才。

应用型高校创业教育应积极整合创业资源，为学生提供全方位的支持和服务，从而帮助学生在创业中获得成功。

第三节　创业教育研究的思路和方法

应用型高校创业教育注重通过教育培训，培养学生的创业意识和创业能力，意在为学生未来的创业和管理工作做好准备。创业教育的方法和框架是非常关键的，能够影响学生的学习效果和成果。因此，应用型高校创业教育，必须制定有效的教学方法和框架，以确保学生能够全面、系统地掌握创业知识和技能。

本节将对应用型高校创业教育的方法和框架进行深入探讨，为创业教育的实践提供有价值的参考。

一、创业教育的方法

创业教育是近年来受到广泛关注的一种教育形式，旨在帮助学生掌握创业知识和技能，培养创新意识和创业精神，以适应日益激烈的市场竞争。为了达到这一目的，创业教育需要采用一系列科学、系统的方法来进行，既要注重理论知识的学习，也要注重实践能力的培养。现介绍几种常见的创业教育方法，以期为创业教育者提供有益的参考和指导。

（一）案例教学

案例教学是一种生动、具体、有效的创业教育方法，让学生了解创业中的成功经验和失败教训，增强创业能力和创新意识。从而更好地辨别创业过程中的挑战和机遇。

在案例教学中，教师应该选择有代表性的创业案例，注重案例的真实性和可靠性，避免过于理想化和虚假化。教师还应该引导学生全面地分析和思考案例中的关键问题，如创业目标、市场需求、产品策略、资源配置、团队协作等，从而帮助学生全面地理解创业过程中的各个环节。同时，教师还应该引导学生总结案例的成功经验和失败教训，让学生能够从中汲取创业的灵感。

在案例教学中，学生也应该积极参与，提出自己的观点和建议，分享自己的创业经验和创意，通过与教师、同学的交流和讨论，不断完善自己的创业思维和创新能力。

在创业教育中，应用型高校应该充分利用案例教学，结合其他教学方法，让学生获得更全面、更系统的创业知识和技能。

（二）团队合作

创业需要团队的支持与合作。在团队合作中，学生可以了解团队合作的重要性，了解不同团队角色的分工，学会沟通和协作，同时也可以在团队合作中提升自己的领导能力和团队协作能力。

首先，学生可以通过团队合作了解团队合作的重要性。团队合作可以让不同领域的人才、不同的经验和不同的技能汇聚在一起，形成更具创造性和创新性的解决方案。同时，团队合作还可以分担个人责任和风险，提高工作效率和质量。学生通过团队合作了解到这些优势，有助于更好地理解团队合作的重要性。

其次，学生可以在团队合作中了解不同团队角色的分工。在团队合作中，不同成员承担不同的角色任务，如负责市场调研、产品设计、技术开发、运营管理等。学生可以通过团队合作了解这些角色的不同，学会更好地分配任务和资源，提高团队工作效率。

再次，学生可以通过团队合作学会沟通和协作。在团队合作中，沟通和协作是非常重要的。学生可以通过团队合作了解不同成员之间的沟通和协作方式。学生还可以通过团队合作学会如何协调不同成员之间的意见和建议，形成共识，从而更好地完成团队任务。

最后，学生可以在团队合作中提升自己的领导能力和团队协作能力。在团队合作中，每个人都有机会扮演领导者的角色。学生可以通过团队合作了解领导者应该具备的素质和能力，如指导他人、激励他人、调解冲突等。同时，学生也可以通过团队合作了解如何更好地协作和合作，如尊重他人、分享信息、互相支持等。

（三）讲座讨论

创业教育中的讲座讨论是一种有效的教育方法，通过邀请专业人士进行创业经验分享和讲座讨论，能够让学生了解创业的最新动态和市场趋势。

第一，讲座讨论可以让学生了解创业的最新动态和市场趋势。在讲座上，嘉宾会分享自己在行业中的观察和研究，介绍市场趋势和未来的发展方向，让学生了解市场的需求和发展方向，帮助学生更好地把握商业机会。

第二，讲座讨论还可以促进学生间交流和分享。学生可以在讲座上分享自己的创业想法和经验，与其他学生进行交流和讨论，从而发现并解决问题。讲座讨论也可以密切学生之间的合作和联系，建立创业社区和网络。

第三，讲座讨论也可以培养学生的职业素养和人际交往能力。通过参与讲座讨论，学生可以提高自己的演讲技巧和表达能力，也可以了解行业内部的职业规范和文化，从而提高自己的职业素养和社交能力。

（四）实地考察

实地考察是创业教育的一种重要方法，它可以让学生深入了解实际的市场环境和创业机会，以及在实际创业中所面临的各种问题和挑战。通过实地考察，学生可以感受市场需求、竞争环境和行业趋势，了解创业过程中各个环节的实际情况，更好地掌握创业所需的技能和知识。

实地考察包括到企业或行业协会参观、与当地的创业者进行座谈交流、到其他地区甚至国外考察等。通过实地考察，学生可以了解不同地区、不同行业的差异，以及全球市场的发展趋势，扩大自身的全局视野、提升洞察力。

实地考察的另一个重要作用是激发学生的创业热情和创新精神。学生可以在实地考察中看到其他创业者的成功案例，了解创新创业的实际过程、积累实践经验，从而坚定自己创业的决心和信心。

因此，实地考察还应与其他创业教育方法相结合，如案例教学、讲座讨论等，以达到最佳的教学效果。

创业教育是一个全方位的教育过程，需要多种方法结合使用。案例教学、团队合作、讲座讨论、实地考察等多种教学方法的使用，可以让学生全面了解创业知识和技能，提高学生的创业意识、创业能力和创业成功率。应用型高校可以根据自身特点和需求，选择合适的创业教育方法，为学生提供更加优质的创业教育。

二、创业教育的框架

创业教育框架是一个系统化的教育模式，它包含了创业教育的各个方面，从而能够全面地培育学生的创业能力和创业精神。创业教育框架设计需要结合学生的实际需求和背景，同时也需要考虑到行业和市场的变化和趋势。

（一）创业基础知识

创业基础知识是创业教育的基础，这些知识涉及创业的方方面面，如创业理念、创业模式、市场分析、商业计划等。学生学习这些基础知识是为了更好地理解和应对创业中的各种挑战，提高创业的成功率。

在学习创业基础知识的同时，学生应该注重实践。只有将所学的知识应用到实际中，才能真正掌握和理解。创业实践可以让学生了解创业的真实情况，了解创业过程中的各个环节和遇到的问题，同时也可以提高学生的创业能力、培育创业精神。

学生可以采取多种方式开展创业实践，如组建团队、进行市场调研、设计商业模式、制订商业计划等。通过这些实践，学生能够更好地理解和掌握创业基础知识，同时也能够锻炼自己的创业能力。

需要注意的是，在实践过程中，学生应该注重风险管理，避免盲目冒险和投入过多的资金和时间；同时，也需要注重创新和创造，尝试不同的创业模式和方法，探索适合自己的创业之路。

学生应该注重理论学习和实践探索的结合，通过不断地实践和创新，提高自己的创业能力，为未来的创业之路做好充分的准备。

（二）创业计划编写

创业计划编写是创业教育的重点，包括商业模式、市场调研、财务分析、营销策略等。在编写创业计划时，学生应该注重创新思维和实践能力的培养，做好市场调研和商业计划的编写工作。

首先，商业模式是创业计划的核心，也是创业成功的关键。学生需要通过分析市场需求、竞争情况、自身资源和能力等多方面因素，确定适合自己的商业模式。在商业模式的设计中，学生需要考虑产品或服务的特点、市场定位、盈利模式、风险控制等方面，以保证商业模式的可行性和稳健性。

其次，市场调研是创业计划编写的重要环节。在市场调研中，学生需要了解市场的基本情况，包括市场规模、市场需求、市场竞争情况、市场趋势等。通过市场调研，学生可以更好地了解市场的需求和竞争情况，从而制定出适合市场的产品或服务策略。

再次，财务分析是创业计划编写中不可缺少的一部分。在财务分析中，学生需要对创业项目的盈利能力、成本结构、资金需求等方面进行全面分析，确保创业项目的财务可行性。通过财务分析，学生可以了解创业项目的潜在风险和盈利预期，为项目融资和运营做好准备。

最后，营销策略是创业计划编写的一个重要方面。学生需要考虑如何推广产品或服务、吸引目标客户、提高品牌知名度等问题，制定出适合市场的营销策略。通过营销策略的制定，学生可以更好地了解目标客户的需求和喜好，提高企业市场竞争力。

（三）创业项目管理

创业项目管理是创业教育的关键，包括项目规划、资源管理、风险控制、团队协作等。在创业项目管理中，学生应该注重项目实践、团队管理能力的培养，做好项目规划和资源管理，同时注意风险控制和团队协作。

首先，创业者需要进行项目规划。在创业项目管理中，项目规划是至关重要的一步。创业者需要确定项目的目标、范围、时间、成本和质量等方面，明确项目的需求和约束条件。同时，创业者还需要制订项目计划，安排好项目的各项任务和工作进度，以保证项目按时完成。

其次，创业者需要进行资源管理。资源管理是指对项目所需的各种资源进行有效的分配、利用和控制，以确保项目顺利进行。创业者需要了解项目所需的各种资源，包括人力资源、物质资源、财务资源等，并根据项目的实际情况进行合理的配置和利用。同时，创业者还需要进行资源的监控和调整，以满足项目的实际需求。

再次，创业者需要进行风险控制。在创业过程中，风险是不可避免的，创业者需要通过风险控制来降低风险的发生概率、缩小影响的范围。创业者需要对项目中的各种风险进行识别、评估和应对，制订相应的风险管理计划，采取有效的措施来减少风险造成的损失。

最后，创业者需要进行团队协作。团队协作是创业过程中不可缺少的，团队协作能力的高低直接影响项目的成功与否。创业者需要组建一个高效的团队，明确各团队成员的角色和职责，加强团队之间的沟通和协作，共同推进项目。

（四）创业实践

创业实践是创业教育的核心，包括创业项目的策划、实施和运营。在创业实践中，学生应该注重创新思维和实践能力的培养，同时也应该注意风险控制和团队协作。

创业实践应该注重以下几个方面：

首先，创业实践应该注重创新思维和实践能力的培养。创业需要创新思维和创新能力来应对市场的变化和挑战，学生可通过实践中的尝试和探索，培养自己的创新能力和实践能力，锻炼自己解决问题的能力。

其次，创业实践应该注重风险控制和团队协作。创业过程中存在着很多风险和挑战，学生应该在实践中注意风险的控制和规避，避免因风险而失败。同时，创业需要团队的支持和合作，学生应该在实践中培养团队协作能力和领导能力，做好团队的管理和协作。

最后，创业实践应该注重市场营销和商业模式的实践。创业需要关注市场的需求和趋势，学生应该在实践中深入了解市场的需求和趋势，构建适合市场的营销策略和商业模式，从而提高创业的成功率。

创业实践是创业教育的核心，需要学生通过实践不断提升自己的创新能力和实践能力，注重风险控制和团队协作，注重市场营销和商业模式的实践，从而更好地完成创业项目的策划、实施和运营。

（五）创业生态

创业生态是创业教育的重要组成部分，包括创业政策、创业孵化器、投资机构等。在创业生态中，学生可以了解创业生态的最新发展和政策动态，同时也可以通过孵化器和投资机构了解创业资本市场的运作。

创业生态是创业教育中一个相对新兴的领域，它包含了许多不同的组成部分，如创业政策、创业孵化器、投资机构等。这些组成部分共同构成了一个促进创业发展的生态系统，为创业者提供了各种资源和支持。

首先，政府在鼓励和支持创业方面发挥了重要作用。政府制定的创业政策可以帮助创业者了解市场环境和机会，并为其提供各种创业支持，如财政资金、税收减免、人才培训等。

其次，创业孵化器为创业者提供了物力和人力资源的支持，如办公场所、设备、技术支持和导师指导等，以帮助创业者顺利开展创业项目。此外，创业孵化器还能为创业者提供与投资人、企业家、行业专家等资源接触和交流的机会。

最后，投资机构可以为创业者提供种子资金、天使投资、风险投资等形式的融资，帮助创业者实现项目的扩展和发展。同时，投资机构还可以为创业者提供专业的意见和建议，帮助创业者进行商业计划的制订和实施。

创业生态为创业者提供了各种资源和支持，为他们的创业铺平了道路。对于学生来说，了解创业生态的最新发展和政策动态，可以帮助他们更好地了解创业市场的机遇和挑战，从而更好地进行创业实践。

应用型高校创业教育的方法和框架是为了帮助学生掌握创业知识和技能，提高学生的创业意识和创新能力，从而培育学生的创业能力和创新精神。在创业教育的实践过程中，学生应该注重实践能力的培养，同时也应该注重团队合作和创新思维的培养，以提高创业成功的概率。

第二章

应用型高校创业教育的现状分析

应用型高校创业教育是指为学生提供创新创业能力培养、实践机会和创新创业生态环境的教育活动。随着社会经济的快速发展和创新创业的普及，越来越多的高校开始注重创业教育的开展。作为一种重要的教育形式，应用型高校创业教育旨在培养学生的创新创业意识和能力。

应用型高校创业教育的目标是为学生提供一个有利的环境，激发他们的创新潜能和创业意识。为了实现这一目标，高校需要采取一系列的教育措施，包括创业课程设置、创业导师指导、创业实践、创业比赛、创业孵化器等。通过这些措施，学生可以在真实的商业环境中学习和实践，增强自身的创新创业能力、积累实践经验。

目前，应用型高校创业教育已经成为国内外高校教育的重要组成部分。国内的一些高校已经开始注重创业教育的开展，建立了创业教育中心、组建创业导师团队等创业教育体系，以促进学生创新创业能力和实践能力的提高。国外的一些高校则注重实践性和跨学科性方向的创业教育，通过创业孵化器、创业比赛等方式促进创业生态系统的建设。

第一节　创业教育的概念和发展历程

创业教育是培养学生创新思维和创业能力的教育。随着经济全球化和信息技术的迅速发展，创业教育逐渐成为高等教育的重要组成部分。它的发展历程可以追溯到 20 世纪 70 年代，美国的一些大学首先开始探索创业教育的实践，并在之后逐渐得到全球各地高校的关注和推广。在我国，创业教育的实践始于 20 世纪 90 年代，起初仅在少数高校中开展，但随着国家政策的倾斜和社会需求的增加，创业教育逐渐普及，并逐渐成为一种新型教育模式。

一、创业教育的概念

创业教育是指为学生提供创新创业能力培养、实践机会和创新创业生态环境的教育活动。随着全球经济的快速发展和创新创业的兴起，创业教育逐渐成为高校教育中一个备受关注的话题。

创业教育的目标是引导学生构建创业思维、为学生提供创业实践的机会，帮助他们培养创新能力和实践能力，以期在未来的职业生涯中成为具有创业精神的人才。创业教育传授知识，提供实践机会和创新环境，让学生在实践中学习和成长。

在创业教育中，学生可以通过参加创业导师指导、创业课程设置、创业实践、创业比赛、创业孵化器等多种形式的活动，探索创业创新的机会和挑战。这些活动不仅能够提高学生的创新创业能力和实践经验，还能培养学生的团队协作精神和领导能力。

创业教育是为了提高学生的创新创业能力和实践能力，培养其创新创业精神和创业意识而开展的一种教育活动，旨在为学生提供一个有利的环境，激发他们的创新潜能和创业意识。

创业是指个人或团队为实现自身创新理念、创业计划，通过创建或管理企业或组织等形式，在市场经济中运用资金、技术、人力等资源，获得经济效益和社会价值的行为。在创业过程中，创业者面临着各种风险和不确定性，需要具备创新意识、商业敏感度和创业精神等素质。

（一）创业的概念

创业是指在一定的时间和地域条件下，个人或团队为了实现自身的目标和理想，创造性地运用资源、开发新产品或服务，经过风险投资和经营管理等一系列活动，建立自己的企业或事业。创业涵盖的范围非常广泛，包括商业、科技、文化、教育等各个领域。

在现代社会，创业已成为一种重要的创造财富和就业岗位的方式，同时也是实现个人价值和梦想的途径之一。创业者需要具备创新能力、市场洞察力、领导才能和风险管理能力等综合素质，同时还需要积极探索和应对不断变化的市场和环境。

因此，创业不再局限于特定的社会阶层或行业，而是成为一种社会现象和生活方式，得到了广泛的关注和支持。

在英语国家，创业的概念可以用多种词汇来表达，包括"entrepreneurship""venture""startup"等。其中，"entrepreneurship"是指创业的精神和行为，是一种包括创新、领导力和承担风险的活动。"venture"则通常用于描述具有高风险和高回报的商业行动或投资，包括创业、投资或风险资本等。"startup"则更侧重于初创企业的概念，指创业者所创立的初创公司或企业。总体来说，创业在英语国家的表达更强调其创新、领导和承担风险的特点，而不仅仅是创立企业的过程。

（二）创业的分类

创业可以被理解为一种创新的过程，涉及在各个领域内创造新的价值和机会。这种创造性的活动包括在商业、社会、科技、文化等方面的创新。创业者可以是个人、组织或团队，他们利用自身的资源和能力，开发新的产品、服务或技术，满足人们的需求、解决问题，同时也可以追求商业利润或社会效益。因此，创业并不仅限于经济市场领域，也不仅仅是追求经济利益的行为，还包括在不同领域开展的各种创新活动。

创业可以被分为两种不同的类型：传统技能型创业和机会型创业。传统技能型创业依赖于组织或个人所拥有的知识或技术密集型要素，通常采用传统的组织和运营模式来获取商业利润。机会型创业则注重创新思维，寻找和创造市场机会，为市场创造新价值的同时实现组织自身的盈利。

虽然这两种类型的创业有一些不同，但它们在许多方面也是相互补充和交融的。首先，它们都需要创业者具备一定的商业眼光和市场洞察力，以便发现和利用新机会。其次，无论是技能型创业还是机会型创业，都需要创业者具备一定的管理和组织能力，以便实现商业目标。最后，无论是技能型创业还是机会型创业，都需要创业者有一定的风险意识和冒险精神，以便在商业环境中作出正确的决策。

技能型创业和机会型创业在一些方面存在区别。技能型创业通常追求短期的目标，盈利模式相对比较清晰，往往可以借鉴和参考成功的经验。而机会型创业则更加注重长期的目标，在开拓市场的过程中会面临更多未知的因素，运营模式常常需要根据业务发展的情况进行灵活调整。

但这种区别并不是绝对的，因为技能型创业和机会型创业在不同的情况下可以相互转换。对于技能型创业者来说，他们也可以通过不断地学习和创新来适应市场变化，实现长远的目标。对于机会型创业者来说，他们也需要考虑如何在市场中获得盈利，并在发展过程中不断调整和改进运营模式，以实现短期的目标。

技能型创业和机会型创业在盈利的主要因素方面存在差异。传统技能型创业模式通常通过短期的经营管理、市场渠道建设以及各种生产要素的投入来实现盈利。而机会型创业模式则更注重通过思维的创新和战略方向的选取，以及开拓新兴市场的能力来实现盈利。

这种区别也不是完全切割的。在实践中，技能型创业者需要不断地创新和改进产品或服务，以适应市场的变化和顾客的需求，从而实现长期的盈利。而机会型创业者也需要考虑短期的经营管理和市场渠道建设，以稳定现有的盈利水平，并为未来的发展奠定基础。因此，技能型创业和机会型创业之间并不存在绝对的区别，它们往往相互交织，共同影响着创业者的商业决策和盈利能力。

技能型创业和机会型创业在创造利润方面也存在差异。技能型创业通常是参与市场内部的利润抢占和再分配过程，而机会型创业则具有帕累托改进效应，是对外部利润的开发过程，可以开拓和扩大市场。

换句话说，技能型创业者通常是在现有市场中寻找和争夺利润，并通过改进生产和经营方式来提高自身的竞争力和市场份额，从而获得更多的利润。而机会型创业者则是通过发掘和创造新的市场机会，扩大市场的规模和容量，从而获取更多的利润。

这种区别也并非绝对。有些技能型创业者也可以通过创新和开拓新市场来实现帕累托改进效应。同样，有些机会型创业者也需要在现有市场中与竞争者抢夺利润，以稳定和提升自己在市场中的地位。因此，技能型创业和机会型创业之间也存在一定的交叉和重叠。

（三）创业的关键要素与判断标准

创业的核心要素可以总结为三个方面：创业主体的主观能动性、市场的客观机会和创业主体把握客观机会的能力。首先，创业需要具备主观能动性，即创业者的创业意愿和决心，以及敢于冒险和承担风险的精神。其次，市场的客观机会是创业的重要基础，创业者需要敏锐地观察市场和顾客需求，发掘和把握市场的机会点。最后，创业主体把握客观机会的能力是实现创业成功的关键，需要创业者具备行业知识、商业技能和创新思维等能力，以实现商业目标并不断创造价值。这些方面的要素综合起来，构成了创业的核心要素。

创业的主观能动性表现为创业者的决心、勇气和冒险精神，这些特质可以帮助创业者克服困难，坚持不懈地追求商业目标。与就业或谋生不同，创业者具有更强的商业目标性，这是创业者主观能动性的体现。而商业机会则是具有客观性的，它是随着市场、经济、科技和消费需求的变化而产生的，包括科技新品的面市、市场制度的革新以及消费习惯的变化等，这些都有助于商业机会的产生。商业机会是市场经济发展的必然产物，并不会随着个人主观意识的变化而变化。

当机会出现时，创业者需要利用自身拥有的创业资源和整合能力把握机会，这是实现创业成功的前提条件。因此，创业者需要具备良好的商业眼光和市场洞察力，以便发现和把握机会。同时，他们也需要具备一定的商业技能和创新思维，以便在商业环境中作出正确的决策，实现商业目标、创造价值。

西方市场经济理论认为，社会化大生产包括四种要素：劳动力、土地、资本和企业家才能。其中，创业者的创业能力是企业家才能的体现，土地和资本是创业活动中不可或缺的资源。因此，判断创业的关键因素并不在于是否存在劳动力资源的参与，而在于创业者是否具备企业家才能，以及土地、资本等资源的支持。

一个组织具有了提供就业岗位的能力，不一定具有创业的性质。创业是指创立事业的过程，是一种主动的、创新的和创造性的活动，它涉及创业者的创业能力、资源整合能力、创业精神以及商业机会等因素。而提供就业岗位只是创业的一部分，它并不是判断一个组织是否具有创业性质的唯一标准。

因此，自主就业或灵活就业也可能具备创业的性质，而不仅仅局限于创业组织提供就业岗位的能力。创业是一种更广义的概念，不仅包括了创业组织的活动，还包括了个人和团队的自主创业和创新活动，以及社会创新和创造等方面。

（四）创业教育的概念与性质

柯林·博尔最早提出创业教育概念，他认为创业者应该具备如下素质：积极应对变化、自信有安全感、勇于冒险和尝试未知、善于提出创造性思想、善于交流和组织以及坚定不移地将思想付诸实践。在发达国家对创业教育的研究中，虽然各国有所不同，但都强调了对学生创业精神和素质的培养。

创业教育旨在培养学生的创新精神和创业意识，以及为未来的创业活动做好准备。创业者需要具备创新能力、创业意识、商业眼光、领导力、沟通能力、团队协作能力和承担风险的能力等素质。因此，在创业教育中，除了向学生传授知识和技能外，还需要注重学生的创新思维、创业精神和领导力的培养，帮助学生克服困难，发挥个人优势，把握商业机会，创造价值。

创业教育不仅是传授知识和技能的过程，更是一种培养学生全面发展和提高综合素质的过程。创业者需要具备多方面的素质和能力，而创业教育则需要从多角度入手，综合培养学生的创业能力和素质，以适应日益变化的商业环境和市场需求。

创业教育的概念在不同国家和地区有不同的定义和重点。澳大利亚教育委员会认为，创业教育是一种直接指向培养年轻人能力、技巧，以及革新性、创造性、开创性等个性品质的教育。日本的创业教育强调培养学生的创业观，有针对性地教授学生创业方面的基本知识，尽可能组织实践活动，培养他们的创业思维和创业能力，是一个授人以渔的概念。欧洲委员会指出，创业不仅是自己开公司，而是每个公民在日常生活和职业生涯中取得成功所应具备的一种普遍素质。英国政府明确提出，高校创业人才培养的根本目标在于在全社会形成一种激发创业、鼓励创新和奖励成功的文化氛围。

创业教育的核心目标是培养学生创业意识，使其具备创新精神，让他们具备创业能力和相关素质，以应对日益复杂和多变的商业环境和市场需求。创业教育应注重学生的实践能力的提升和实践经验的积累，引导他们积极探索和尝试，促进他们的成长和发展。同时，应该注重培养学生的团队协作能力和领导力，以及教育他们遵循商业道德、承担社会责任，为社会和人类做贡献。创业教育是一项长期且复杂的任务，需要教育工作者、企业界和政府等多方面的共同努力和支持。

创业教育以培养学生的创业能力和品质为目标，是一种素质教育、扩展教育，与专业教育既有区别又有关联。创业机会存在于任何专业领域中，因而创业教育具有普遍性。

创业教育是一种启蒙教育，旨在让学生了解创业的基本概念和流程，培养他们对创业的兴趣和热情。通过创业教育学习，学生可以了解市场、客户、产品和资本等方面的基本知识，提高他们的商业素养和管理能力。但是，仅通过创业教育的培训并不能使学生成为商界精英。就像普通专业学习一样，大学学习只能让毕业生对所学专业有一定的认知和了解，要在专业领域有所作为，还需要在后期的工作实践中不断学习和提升。

创业教育是一种综合性教育，既注重理论的学习，也注重实践的培养，同时还强调对学生创业精神、价值观和人格品质的培育。创业教育的实施，意在通过实践和实训教学锻炼学生的创业素质，让学生在实践中不断积累经验和提升能力。

创业教育的目标是培养具有企业家才能的人，而企业家才能是综合素质的一种体现。因此，创业教育不仅包括对学生实践能力的培养，也包括对学生的创新能力、团队合作能力、自我管理能力等各方面能力的培养。

创业教育是一种全面教育，既注重理论与实践的结合，又注重对学生素质的培养。创业教育可以提高学生的创业能力和综合素质，为他们未来的职业生涯助力。

国内的创业教育正在逐步发展壮大，各高校也开始加强创业教育的研究与实践。但与国外相比，还存在很大的差距，需要更加努力地推进创业教育的发展。在推进创业教育建设的过程中，各高校应该注重体制建设，明确各部门的职能，协同合作，从提高学生素质和促进其未来发展的角度出发，逐步推进创业教育建设的进程，不应急于求成，过度强调成果。同时，加强师资队伍建设、完善课程设置和培养模式等方面也是非常重要的。这是一个需要持续努力的系统性工程。

二、创业教育的发展历程

创业教育的发展历程可以追溯到 20 世纪 60 年代，当时美国麻省理工学院（MIT）的企业家俱乐部和哈佛大学商学院的"企业家计划"率先探索创业教育的实践。他们为学生提供了创业导师指导、创业课程和资金支持等资源，推动学生创业实践和创新创业教育的发展。此后，创业教育在美国迅速发展，并逐渐在全球范围内推广开来。20 世纪 80 年代，美国创业教育进入了第二个发展阶段，学校和政府纷纷加大了对创业教育的支持和投入力度。这一时期，MIT 的企业家俱乐部更名为"麻省理工学院创业中心"（MIT Entrepreneurship Center），其成为全球极具代表性的创业教育机构之一。同时，斯坦福大学的企业家中心、伯克利大学的创业教育中心等机构也相继成立。

进入 21 世纪，随着全球经济的不断发展和创新创业的兴起，越来越多的高校开始重视创业教育，加强了对创业教育的投入和支持力度。除了美国，其他国家的高校也开始探索和推广创业教育，如欧洲、亚洲等地区的高校也相继成立了创业教育机构和中心。

在我国，创业教育的发展也经历了不同的阶段。1992 年，中国开始推行大学生创业实践计划，鼓励大学生参与创业实践。2000 年，教育部正式将创业教育列为高校的一项基本任务。国务院办公厅于 2005 年发布《关于加强大学生创业教育工作的意见》，于 2015 年印发《关于深化高等学校创新创业教育改革的实施意见》，于 2021 年印发《关于进一步支持大学生创新创业的指导意见》，对提升大学生创新创业能力、优化大学生创新创业环境、加强创业教育等提出具体要求。

在国内，创业教育起步较晚，最早主要是由一些大学和科研院所通过创业讲座、创业比赛等方式开展的。而随着政府对创新创业的重视程度日益加深，创业教育得到了越来越多的支持和关注，多所高校开始逐渐注重创业教育的开展。目前，国内高校的创业教育已经呈现出多样化的发展态势，包括创业导师团队、创业孵化器、创业课程设置等多种形式，为学生提供了丰富的创新创业教育资源。

创业教育的发展，从起步阶段到高速发展阶段，再到现在多样化的发展态势，不断地完善创业教育的内容和形式，以期为学生提供更多的创业教育资源和机会。未来，随着社会经济的不断发展和科技创新的加速推进，创业教育也将面临更多的机遇和挑战，需要不断创新、提高教育质量，培养更多的创业人。随着全球经济和社会的快速发展，创业教育已成为高等教育领域的一个重要组成部分。它为学生提供了实践机会和培养创新创业能力的平台，帮助学生探索创新创业的机会，为其未来的职业生涯打下坚实的基础。

三、我国高校创业教育的发展历程

自 2014 年"大众创业、万众创新"首次提出以来，我国高等教育对于普及创新创业教育的重视程度日益提高。这不仅是国家发展战略的必然趋势和基本目标，也凸显了创新创业教育对于提高人才素质、促进经济社会发展的重要性。

党的二十大报告强调，必须坚持科技是第一生产力、人才是第一资源、创新是第一动力，深入实施科教兴国战略、人才强国战略、创新驱动发展战略，开辟发展新领域新赛道，不断塑造发展新动能新优势。

本部分将以我国高等学校发展创新创业教育的四个标志性阶段为切入点，梳理创新创业教育理念的转变，并为今后创新创业教育的持续发展提出建议。

（一）我国高等院校创新创业教育发展历程

创新创业教育经过 20 多年的发展，截至目前形成了四个较为鲜明的发展阶段。

萌芽期。在 1997—2002 年这个阶段，我国高等学校创业教育刚刚起步，是基于创业实践的照搬模仿阶段。清华大学是该领域的先驱者，其经济管理学院在国内 MBA 培养计划中设立了创新与创业方向课程，标志着中国高校创业教育的发端。此后，清华大学举行了第一届创业计划大赛，这是中国高校最早的创业实践活动。随着这一赛事的成功，创新创业教育在中国开始得到发展。2000 年，团中央开始组织创业计划竞赛，并在全国范围内得到推广。这一阶段可谓我国高等学校创业教育的起点。

探索期。在 2002—2010 年这个阶段，我国高等学校创业教育进入探索期，是基于创业课程引进与改革的时期。政府试点先行，旨在应对知识性失业大幅上升的问题。在 20 世纪 90 年代，我国高等学校毛入学率较低，为满足多数人对接受高等教育的期望，教育部于 1999 年教育部颁布了《面向 21 世纪教育振兴行动计划》，提出在我国高等学校扩招 100 万人。高校人数急剧增长，而社会岗位数量并没有相应增加，导致知识性失业问题的出现。为了应对这个问题，政府部署试点先行，探索创业教育的发展。在此期间，多所高校引进创业课程，并进行改革，探索创业教育的有效方式。同时，政府也开始在高校开展创业类比赛、开设训练营，为学生提供更多的实践机会。这一阶段的成果为我国高等学校创业教育的发展奠定了基础。

2002年4月，面对高校毛入学率的快速增长和知识性失业的问题，教育部选择了包括中国人民大学、清华大学在内的9所中国重点院校开展创业教育试点工作，这标志着中国创业教育从高校自主探索逐渐转向政府引导下的多元发展。在试点过程中，各高校结合政策和自身特点，对创业教育的理念、课程、实践、运行等方面进行探索和总结，逐步形成了3种主要的创业教育模式。2005年9月，共青团中央、全国青联和国际劳工组织共同启动了KAB创业教育，在清华大学、中国青年政治学院等6所高校进行试点。这一教育模式采用参与式教学，学生可以通过选修获得学分，获得了较高的课程满意度。2008年，教育部设立了30个创新与创业教育类人才培养模式的实验区。这些措施推动了中国高等学校创业教育的进一步发展。

拓展期。在2010—2015年这个阶段，中国高等学校创业教育进入了拓展期，主要基于人才培养的创业模式探索。2010年，教育部发布第一个全局性文件《关于大力推进高等学校创新创业教育和大学生自主创业工作的意见》，标志着高校创新创业教育工作进入了新的阶段。这份文件第一次将"创新"一词加入"创业教育"中，使得创业理念得到更新和转变。经过十多年的探索，创新创业教育在数量和质量上都有了很大程度的提升。创新理念的提出为创业教育注入了新的活力。高校开始注重学生的实践能力和创新精神的培养，不断推陈出新，不断完善课程设置和实践环节，积极引入创新创业团队、创业导师和创投机构等外部资源，为学生提供更多的创业机会和支持。这一阶段为我国高等学校创业教育的发展奠定了更加坚实的基础。

成熟期。在2015年至今这个阶段，中国高等学校创业教育进入了成熟期，主要表现为创新创业教育理念的突破和深化改革。2015年，全国高等院校创新创业联盟正式成立。2015年5月，教育部与有关部委和吉林省人民政府共同主办首届中国"互联网+"大学生创新创业大赛。2015年6月，首批137所高校和50家企事业单位、社会团体在清华大学成立中国高校创新创业教育联盟。2016年1月，12个"国家职业院校创新创业教育基地"首次获得国家批准成立。除了国家政策对"双创"教育给予了极大支持和保障外，各高校也积极参与创新创业教育的实施，加速教学形式和教学内容的调整。目前，高校已经逐步创建了完善的创新创业教育体系、师资团队和创业团队，能够充分有效地将政府、学校和社会各种资源融合在一起，逐步形成创新创业教育的完整体系。在这个阶段，高校注重创新创业教育的实践性和针对性，鼓励学生创新创业思维和能力的培养，并为其提供更多的实践机会和资源支持。同时，高校也加强与企业、政府等外部机构的合作，促进校企合作和产学研联合，进一步提升创新创业教育的水平和质量。

（二）我国高校创新创业教育理念的更新与发展

首先，创新创业教育是一个复杂且系统的大工程，它涉及教育外部环境和教育内部环境的多个方面，包括教育目标、教学内容、教学形式、运行机制、社会氛围等。在这些方面中，教育理念是最核心的部分，它指导着创新创业教育的实践和其他方面。教育理念决定了高校对创新创业教育的态度和理解，也决定了教育实践的方向和内容。一个正确的教育理念能够促进创新创业教育的全面发展，提高学生的创新创业能力和素质。同时，教育理念也会影响教育环境和社会氛围，有利于构建一个积极向上、支持创新创业的社会氛围，为创新创业教育的发展提供坚实的保障。因此，教育理念是创新创业教育中至关重要的一环。

从我国高等院校创新创业教育发展的四个阶段来看，我国高校教育理念更新与发展的最直观体现是由提倡创业教育到提倡创新创业教育的转变。以 2010 年为分界线，可以大致分为前后两个阶段。在 2010 年之前，创新创业教育旨在解决毕业生就业问题，这导致了创新创业教育理念的功利化和简单化倾向显著。在这个时期，高校主要关注的是教授学生如何创业、开展实际项目，并鼓励学生尽早开始创业，以期在毕业后自力更生。这种创业教育虽然能够帮助学生积累创业的实践经验，但往往忽略了创新的重要性，导致学生的创业思维和创新意识得不到有效的培养。

随着时间的推移，高校开始逐渐意识到创新对于创业的重要性，并逐步将创新理念融入创业教育中。在这个过程中，高校开始注重培养学生的创新精神和创造能力，通过开设创新创业课程和引入外部资源，为学生提供更多的机会和支持，鼓励他们积极探索新的商业模式和商业机会。这种创新创业教育的理念逐渐成为现代创业教育的主流，为学生的创新创业之路开辟了更为广阔的视野，打下了更为坚实的基础。

将创新创业当作"不务正业"的无奈之举，将创新创业等同于"地摊式"的活

47

动，将创新创业等同于"就业培训"，将创新创业当作学校的事情等创新创业教育的理念误区导致了学校创业实践的操作问题：创新创业教育的对象是少数精英群体，教育内容是重复的无意义的营利活动，教育范围只限于学校课堂。而教育部于2010年出台的《关于大力推进高等学校创新创业教育和大学生自主创业工作的意见》中明确指出，创新创业教育要面向全体学生，融入人才培养全过程，融入专业教育之中，大力提升学生的社会责任感、创业意识和创业能力。这是我国第一次以文件的形式将"创新"一词加入"创业教育"之中，使得创新创业教育理念回归到教育上来，是创新创业教育理念的一次"拨乱反正"。

国务院办公厅于2021年印发的《关于进一步支持大学生创新创业的指导意见》中明确提出，将创新创业教育贯穿人才培养全过程。深化高校创新创业教育改革，健全课堂教学、自主学习、结合实践、指导帮扶、文化引领融为一体的高校创新创业教育体系，增强大学生的创新精神、创业意识和创新创业能力。建立以创新创业为导向的新型人才培养模式，健全校校、校企、校地、校所协同的创新创业人才培养机制，打造一批创新创业教育特色示范课程。

这一文件的出台标志着中国高校创新创业教育进入了新阶段。这个阶段强调大学生是大众创业、万众创新的生力军，支持大学生创新创业具有重要意义。高校的创新创业教育应逐渐摆脱功利化和简单化倾向，开始注重培养学生的创新意识和创新精神，打造一批创新创业教育特色示范课程，面向大学生开展高质量、有针对性的创新创业培训，提升大学生创新创业能力。这一阶段的创新创业教育更加注重对全体学生的培养，不再局限于少数精英群体，让更多的学生有机会接触和掌握创新创业的知识和技能，从而更好地适应社会发展的需要。

回顾创新创业教育发展历程，梳理教育理念的更新与发展，为未来创新创业教育发展提供以下启示：第一，加强创新创业教育理论研究。虽然我国创新创业教育起步较晚，但在过去的几年中，高校已开始积极推进创新创业教育。然而，随着经济、科技的快速发展，创新人才培养的要求也在不断提高，这就需要高校在新时代背景下应加强对创新创业教育的理论研究，以更好地指导实践的发展。第二，注重创新创业教育的实践教学。创新创业教育不是一种纯理论的教育方式，需要将理论与实践相结合。因此，高校应该注重实践教学，为学生提供更多的实践机会，使其积累实践经验，帮助学生在实践中更好地掌握创新创业技能。第三，培养创新创业精神和创新创业文化。创新创业教育不仅要培养学生的创新创业能力，更要培养学生的创新创业精神和创新创业文化。高校应该注重学生思想品质的培养，通过多种形式的活动，让学生充分感受创新创业的魅力，从而激发学生的创新创业热情。第四，加强创新创业教育的跨学科融合。创新创业教育不是一个学科的事情，而是多个学科的融合。因此，高校应该加强不同学科之间的合作，推进跨学科的创新创业教育，为学生提供更多的学科交叉和融合的机会，培养更全面的创新人才。第五，注重创新创业教育的国际化。随着全球化的发展，创新创业的竞争已经超越了国界。因此，高校应该注重创新创业教育的国际化，为学生开阔视野，培养具有国际化背景的创新人才，为我国的创新发展提供更多的人才支持。第六，加强创新创业教育的社会服务。创新创业教育不仅是高校内部的事情，更需要与社会各界合作，在为社会提供创新创业服务的同时，也为学生提供更多的社会实践机会，帮助学生更好地融入社会，培养更具社会责任感的创新人才。

其次，加强各方合作，共同营造良好的创新创业环境。创新创业教育的发展需要政府、学校、社会、家庭、学生个人等多方面的合作。政府应该出台相关政策，为创新创业教育提供有力的政策支持和资源保障；社会应该营造"支持创新、鼓励创新"的良好社会氛围，提供创新创业的资源和机会；家庭应该给予孩子情感和智力上的支持，培养孩子敢于创新、勇于创新的精神；学生个人应该有意识地培养自己的创新创业能力，积极参与各种创新创业活动。

而学校作为创新创业教育的关键，应该加强与各方面的合作，为学生提供更多的创新创业机会和资源。学校可以改革课程模式、增设实践活动、开设专题讲座、培养专业师资、提供创业平台等，以促进学生积极参与创新创业教育。

只有各方面紧密合作，才能共同营造良好的创新创业环境，为学生提供更多的创新创业机会和资源，培养更多具有创新能力和创业精神的优秀人才，推动我国创新创业事业不断向前发展。

最后，加快建立和完善多元化的创新创业教育评价体系。回顾高校创新创业教育发展历程不难发现，我们更偏向于从数量上来衡量创新创业教育的发展进度。然而，当前的创新创业教育缺乏质性的、多元化的评价体系。因此，建立和完善多元化的创新创业教育评价体系对于创新创业教育的发展至关重要。

评价体系是高校教育的指挥棒，创新创业教育质量评价体系的相关指标可以判别高校创新创业教育的短板、优势及改革的方向，培养把想法变为行动的团队或个体。因此，我们应该更加注重质性的、多元化的评价指标，如学生创新创业项目的

49

实际收益、创新创业教育课程的教学质量、创新创业导师的培养能力等。

此外，评价体系的创建需要多方合作，需要学校、政府、企业和社会各方的共同努力。只有各方通力合作，建立完善的多元化创新创业教育评价体系，才能更好地评估创新创业教育的质量，促进创新创业教育的不断完善。

目前，我国高校创新创业教育的评价体系过于单一，主要集中在开设课程数量、参与活动学生人数、创业项目总数等可量化的指标上。然而，创新创业教育或者说教育本身是不可量化的，我们不能仅仅通过数字来衡量创新创业教育的质量和水平。

因此，为了更好地评价和提高创新创业教育的质量，我们需要建立一个多元化的评价体系，既包括可量化的指标，也包括非量化的评价因素，如创新思维、团队协作能力、创业意识、创新成果等。

多元化的评价体系可以包括以下方面：学生创新创业项目的实际收益、创新创业教育课程的教学质量、创新创业导师的培养能力、学生参与创新创业活动的积极性和创新创业思维等。这些因素都是创新创业教育中至关重要的，而且对于创新创业教育的质量和效果有着重要的影响。

总之，为了更好地评价和提高创新创业教育的质量，我们需要建立一个多元化的评价体系，不仅包括可量化的指标，也包括非量化的评价因素，以更全面、客观、科学的方式来评价创新创业教育的质量和水平。

在我国，创新创业教育的发展已经成为高校教育改革的重要组成部分。从最初的起步阶段到今天的成熟阶段，我国高校在创业教育方面取得了显著成就。但是，面对不断变化的市场需求和新技术的不断涌现，我们需要不断更新创新创业教育的理念，加强创新创业教育的体系建设，提高教育质量和水平，为培养更多的创新创业人才奠定坚实的基础。

在未来的发展中，我们应该注重提高学生的实践能力和创新能力，促进教育和产业的融合，加强校企合作，推动学生创业项目的落地和发展。同时，我们还需要加强创新创业教育的师资队伍建设，提高教师的创新创业能力和素质，为学生提供更加优质的教育服务。总之，只有不断更新创新创业教育理念，加强教育体系建设，提高教育质量和水平，才能更好地培养出更多的创新创业人才，推动我国经济社会的不断发展和进步。

第二节　应用型高校创业教育的
特点和必要性

应用型高校创业教育是指以应用型高等院校为主要目标群体，通过多种形式的教育活动和实践机会，帮助学生提高创新创业能力、积累实践经验，培养创业精神和创业意识的一种教育形式。

应用型高校创业教育具有重要的意义和价值，它为学生提供了一个实践和成长的平台，帮助其探索创业创新的机会和挑战，同时也为社会经济的发展和进步提供了有力的支撑。

一、应用型高校创业教育的特点

应用型高校创业教育的特点在于，它着眼于培养学生实践能力和应用能力，强调实践与理论相结合、知识与技能相融合，注重培养学生的实践能力和团队协作能力。与传统理论课程相比，应用型高校创业教育更加注重学生的主体性和实践性，强调培养学生的创新创业能力，以提高学生的综合素质和就业竞争力。

应用型高校创业教育是一种以应用型高等院校为主要目标群体的创新创业教育形式，具有以下几个特点。

（一）实践性强

应用型高校创业教育的主要目的是培养学生的实践能力和应用能力，强调实践与理论相结合、知识与技能相融合。它通过多种形式的创业实践和创新创业项目，使学生能够更好地将理论知识应用到实际工作中，提高学生的实践能力，使其积累实践经验。它体现在以下方面。

1. 注重实践操作

应用型高校创业教育将理论与实践相结合，注重学生在实际操作中应用能力的培养。它除了传授学生创新创业的基本理论知识外，还会通过模拟实验、实地调研、实际操作等方式，引导学生体验创业的过程，锻炼学生的创业能力和创新思维。

2. 以实践为主

应用型高校创业教育不仅注重知识传授，而且注重对学生实践能力的培养。因此，应用型高校创业教育会设置多种形式的创业实践项目，如创业营、创新创业大赛、创业孵化器、企业实习等，让学生在实践中学习、在实践中成长、在实践中取得成功。

3. 学以致用

应用型高校创业教育强调学生将所学知识应用到实际工作中。学生可以将所学的创业知识应用到自己的创业项目中，发挥自己的创新能力、运用实践经验，从而更好地锻炼自己的创业能力和实践能力。

4. 实践与理论相结合

应用型高校创业教育不仅强调实践性，而且注重理论的指导和支撑。理论和实践的结合，可以更好地促进学生的全面发展。应用型高校创业教育在理论知识的讲解上，更强调知识的可应用性，将理论知识与实践操作相结合，让学生在实践中深刻体会理论知识的价值。

实践性强是应用型高校创业教育的重要特点，它能够更好地培养学生的实践能力和应用能力，提高学生的创业成功率和就业竞争力。

（二）个性化定制

应用型高校创业教育通常会根据学生的自身特点和创业意愿，为其量身定制创业项目，帮助学生更好地实现创业梦想。这种个性化的定制教育方式，能够更好地激发学生的创新潜能，提高学生的创业成功率。

个性化定制是应用型高校创业教育的又一个重要特点。它主要体现在以下方面。

1.针对不同学生制定不同方案

应用型高校创业教育会针对学生的不同特点和创业意愿，为每个学生量身定制创业项目，制定不同的培养计划和方案。这种个性化的定制教育方式，能够更好地激发学生的创新潜能，提高学生的创业成功率。

2.强调学生的主动性和创新性

应用型高校创业教育注重学生的主动性和创新性，鼓励学生自主思考、自主创新、自主实践。学生可以根据自己的兴趣爱好和特长，自由选择创业方向和创业模式，自主设计和实施创业项目。

3.关注学生的职业发展规划

应用型高校创业教育注重学生的职业发展规划，会为学生提供个性化的职业咨询和指导，根据学生的职业发展目标和未来规划，量身定制创业计划和创业方案，帮助学生实现个人职业发展目标。

4.多学科交叉融合

应用型高校创业教育融合了多个学科领域，将各个学科的优势相互融合，注重培养学生的综合素质和多元化能力。在创业教育中，学生不仅能够学习创业相关知识，还可以学习其他学科的知识，如法律、市场营销、财务等，为学生未来的职业发展打下更加坚实的基础。

个性化定制是应用型高校创业教育的重要特点之一，它能够更好地满足学生的个性化需求，发挥学生的个性化优势，提高学生的创业成功率和就业竞争力。

（三）联合协作

应用型高校创业教育通常会采取团队协作的方式，鼓励学生与导师、企业和社会各界合作，共同完成创业项目。这种联合协作的方式，能够促进学生之间的交流和合作，提高学生的团队协作能力和领导能力。它主要体现在以下方面。

1.学校与企业合作

应用型高校创业教育注重学校与企业的合作，将创业教育与企业实践结合起来。学校会联合企业，为学生提供实践机会和创业资源，鼓励学生与企业合作，共同探讨创业项目的可行性和市场前景。

2.学生之间合作

应用型高校创业教育注重学生之间的合作，鼓励学生成立创业团队，共同完成创业项目。通过团队协作，学生可以相互协助、相互支持，充分发挥各自的优势，提高创业成功率。

3.跨学科联合协作

应用型高校创业教育注重跨学科联合协作，将各个学科的优势相互融合，培养学生的综合素质。

4.跨地域联合协作

应用型高校创业教育注重跨地域联合协作，将各地的创业资源和创业环境整合起来，为学生提供更多的创业机会和创业资源。学校会与其他学校和创业孵化器建立联合合作关系，为学生提供更广阔的创业平台和机会。

联合协作能够更好地促进学校、企业、学生之间的合作与交流，提高创业项目的成功率和市场竞争力。同时，联合协作也为学生提供了更广泛的创业机会和创业资源，为学生创业成功打下更坚实的基础。

（四）兼顾多元

应用型高校创业教育不仅注重培养学生的创新创业能力，使其积累实践经验，还会兼顾学生的全面发展和多元化能力培养。创业教育注重培养学生的语言表达能力、人际沟通能力、逻辑思维能力等多方面的能力，提高学生的综合素质和就业竞争力。它体现在以下方面。

1.兼顾不同学科

应用型高校创业教育注重兼顾不同学科，将各个学科的优势相互融合，培养学生的综合素质和多元化能力。学校会开设不同领域的创业课程和实践项目，为学生提供多样化的创业培训和教育。

2.兼顾不同背景

应用型高校创业教育注重兼顾不同背景的学生，包括不同专业、不同年级、不同性别和不同经济背景的学生。学校会为不同群体的学生提供定制化的创业培训和指导，使每位学生都能够受到适合自己的创业教育。

3.兼顾不同需求

应用型高校创业教育注重兼顾不同需求，包括学生个人的创业需求和社会的创业需求。学校会针对学生不同的创业需求，为其提供不同形式的创业教育和支持；同时，也会关注社会的创业需求，鼓励学生在满足自身需求的同时，为社会做贡献。

4.兼顾理论和实践

应用型高校创业教育注重兼顾理论和实践，为学生提供综合性的创业教育。学校会开设创业课程和实践项目，既注重学生理论知识的学习，也注重学生实践能力的培养，使学生能够在实践中不断提升创业能力。

兼顾多元能够更好地满足学生个性化和多元化的创业需求，促进学生的全面发展和事业成功。同时，兼顾多元也能够提升学校的综合实力和社会影响力，为学校的可持续发展打下更加坚实的基础。

（五）环境优越

应用型高校创业教育通常会为学生提供良好的创新创业环境和创新创业资源，如创业孵化器、创新创业基金等。这种优越的创新创业环境，能够为学生提供更多的创新创业机会和资源，促进学生的创新创业能力的培养。它主要体现在以下方面。

1.创业生态环境

应用型高校创业教育注重创业生态环境的营造，为学生提供一个良好的创业环境和生态系统。学校会建立创业孵化器、创业基地等创业平台，为学生提供办公场所、技术支持、市场资源等，促进学生的创业项目快速成长和发展。

2.政策和资金支持

应用型高校创业教育注重为学生提供创业政策和资金支持。学校会制定创业政策，为学生提供政策咨询和指导，同时也会为学生提供资金支持，为学生的创业项目提供经济保障。

3.人才资源

应用型高校创业教育注重人才资源，为学生提供人才支持。学校会邀请各领域的专家、学者和企业家来学校举办讲座，进行授课和指导，培养学生的创业意识和创业能力。

4.职业发展机会

应用型高校创业教育注重职业发展机会的开发，为学生提供职业发展机会和渠道。学校会与各类企业和机构建立合作关系，为学生提供实习和就业机会，为学生的职业发展提供更多的选择。

优越的环境可以为学生提供一个优良的创业环境和创业生态系统，为学生的创业项目提供多方面的支持和保障，促进学生创新创业和职业发展。

综上所述，应用型高校创业教育具有实践性强、个性化定制、联合协作、兼顾多元和环境优越等特点。这种教育形式能够更好地培养学生的创新创业能力和实践能力，提高学生的综合素质和就业竞争力。应用型高校创业教育不仅能够帮助学生更好地适应就业市场的需求，还能够培养学生的领导能力、团队协作能力和创新能力，为学生未来的职业生涯打下坚实的基础。同时，创业教育也为社会经济的发展提供了新的活力和动力，为创新创业提供了更多的人才支持和资源保障。

二、应用型高校开展创业教育的必要性

应用型高校创业教育为学生提供了一个更加有利的环境，激发了学生的创新潜能和创业意识，促进了学生的个人发展和社会创新。应用型高校开展创业教育的必要性主要体现在以下方面。

（一）培养创新创业人才

应用型高校创业教育能够培养创新创业人才，为社会提供更多的创新创业精英。通过创业教育，学生能够掌握创新创业的基本理论和方法，提升自身的创新创业能力和实践能力，成为具有创新创业精神和实践能力的人才。

在当今社会和经济发展中，创新创业已经成为推动社会和经济发展的重要动力，培养创新创业人才对于实现经济可持续发展和社会进步至关重要。

应用型高校创业教育通过为学生提供创业教育和培训，帮助学生掌握创新创业的基本理论和方法，增强学生的创新创业能力，从而培养出一批批具有创新创业精神和实践能力的人才。这些人才不仅具备创新创业的能力，同时还具有较高的综合素质和职业素养，能够适应不同的工作环境和职业发展要求。

此外，应用型高校创业教育还能够帮助学生了解市场需求和行业发展趋势，培养学生的市场分析和商业运作能力，从而使学生的创新创业项目更加符合市场需求和行业发展趋势，增加项目成功的概率。

总之，应用型高校创业教育的重要意义之一在于能够通过培养创新创业人才来推动经济和社会的发展，为社会和经济发展提供新的动力和支持。

（二）推动科技创新和产业发展

应用型高校创业教育能够推动科技创新和产业发展。通过创业教育，学生能够将自己的科技成果转化为创新创业项目，为社会提供更多的科技创新和技术应用方

案。同时，创业项目的成功实施也能够带动相关产业的发展，推动经济的增长和社会的进步。

应用型高校创业教育的又一个重要意义在于推动科技创新和产业发展。现代经济的发展离不开科技创新，而应用型高校创业教育能够将学术研究成果转化为实际的创业项目，将创意变为商业模式，从而带动科技创新和产业发展。

应用型高校创业教育能够提供创业团队所需的资源和支持，包括资金、技术、人才和市场信息等，促进科技成果的商业化转化。此外，创业团队能够积极探索市场需求和创新点，不断优化产品和服务，从而带动相关行业的发展和创新。

应用型高校创业教育也能够促进产业的转型和升级。通过培养创新创业人才，应用型高校创业教育能够帮助传统产业进行技术升级和业务转型，提高产业的竞争力和附加值，为经济发展注入新的动力和活力。应用型高校创业教育还能够吸引更多的创新创业人才和资源，形成良性的创新创业生态系统，从而进一步推动科技创新和产业发展。

总之，应用型高校创业教育的又一个重要意义在于能够通过创新创业带动科技创新和产业发展，推动经济的可持续发展和社会进步。

（三）提升学校的综合实力和社会影响力

应用型高校创业教育能够提升学校的综合实力和社会影响力。通过创业教育，学校能够为学生提供更全面、更多元的教育，从而提高学校的教学质量和办学水平。同时，学生的创业成果和社会贡献也能够反映学校的综合实力和社会影响力，有助于提升学校的声誉和影响力。

应用型高校创业教育不仅能够培养创新创业人才，还能够提升学校的教学和科研水平，增强学校的社会影响力和品牌价值。首先，应用型高校创业教育能够提升学校的教学质量和水平。创业教育需要结合实践将创业理论和方法融入实践中，培养学生的实践能力。这需要学校在师资力量、实践基地、资源配置等方面进行投入、给予支持，进一步提升学校的教学水平。其次，应用型高校创业教育能够增强学校的科研实力。应用型高校创业教育注重将学术成果转化为实际的创业项目，这需要依托学校的科研力量和创新成果。通过创业教育的实践探索和创新创业项目的孵化，学校能够发掘和应用自身的科研优势，推动学校的科技成果转化和产业应用，进而提升学校的科研实力。最后，应用型高校创业教育能够增强学校的社会影响力和品牌价值。随着创新创业逐渐成为经济发展的新动力，应用型高校创业教育在社会中的影响力和价值逐渐增强。学校的创新创业成果能够吸引更多的社会资源和关注，从而提升学校的社会地位和品牌价值。

因此，应用型高校创业教育的重要意义之一在于能够通过提升学校的教学和科研水平、增强学校的社会影响力和品牌价值，进一步推动学校的综合实力和发展。

（四）促进就业和创业

应用型高校创业教育能够促进学生的就业和创业。通过创业教育，学生能够更好地了解创业的机会和挑战，掌握创业的基本技能和知识，提高自身的竞争力和就业能力。同时，创业项目的成功实施也能够为学生提供更多的就业和创业机会，帮助学生实现自己的职业梦想。

应用型高校创业教育的重要意义之一在于能够促进学生的就业和创业。随着大学生人口的增加和就业压力的加大，应用型高校创业教育成为大学生就业和创业的重要途径。首先，应用型高校创业教育能够培养创新创业人才，提高大学生的创业能力和创业成功率。创业教育能够让学生在学习中了解创业的相关知识和技能，学习成功的案例经验，培养创业能力。通过实践项目和创业实训，学生能够深入了解市场需求和商业模式，提升创业成功率。其次，应用型高校创业教育能够为学生提供创业支持和创业资源，降低创业门槛，帮助学生实现创业梦想。学校的创业孵化器、创业基金、创业导师等资源能够为学生提供技术、资金、人才等支方面的支持，降低学生的创业风险、门槛，推动学生创业就业。最后，应用型高校创业教育能够促进和创业就业的良性互动。创业教育能够培养学生的创新能力，也能够提高学生的就业竞争力，扩大职业发展空间。一些创业失败的学生也能够通过就业来寻找发展机会，同时将创业经验和能力转化为职场能力和竞争优势。

因此，应用型高校创业教育的重要意义之一在于能够通过培养创新创业人才、提供创业支持、促进和创业就业的良性互动，帮助大学生实现创业就业梦想，促进社会和经济的可持续发展。

综上，应用型高校创业教育的意义在于对培养创新创业人才、推动科技创新和产业发展、提升学校的综合实力和社会影响力以及促进就业和创业等方面，具有非常重要的现实意义和发展价值。

第三节　应用型高校创业教育的
现状和问题分析

在创新型社会的背景下，应用型高校被视为培养高素质人才的重要场所，其创新创业教育备受关注。在了解创业教育的过程中，我们可以发现，大学生的创新能力和创业热情受多种因素的影响，创业教育的课程设置通常包括课堂教学和实践环节，同时也需要关注创业资源的配置情况。

对创业教育的调查结果显示：大学生对创业的理解存在片面性，影响创业的因素很多，创业教育的实施方式多种多样，但创业资源配置却很紧张。因此，我们需要采取一系列措施，包括培养大学生的创新和创业能力、协同各方面资源、支持大学生的创业、将创业教育融入专业教育、提供多样化的实践平台等，以推动大学生的创新创业教育发展。

一、应用型高校创业教育的现状

为国家培养创新型人才是推动国家经济和社会发展的重要引擎，应用型高校作为国家培养高素质人才的主要场所，应该通过创新创业教育，培养出更多具备创新意识和实践能力的高素质人才，为国家的发展注入源源不断的创新动力。

应用型高校创业教育在我国逐渐受到重视，已经形成了比较完整的体系。目前，我国应用型高校创业教育的现状主要表现在以下方面。

第一，创业教育理念不断升级。越来越多的应用型高校开始注重创新创业教育的实效性和实践性，逐渐摒弃传统的课堂式授课方式，而是采用更加灵活的教学方式，如课程体系更加注重实践环节、引入创业导师制度，以及开展线上线下多种形式的创业活动等。

第二，创业教育的课程设置越来越丰富。在创业教育课程的设置上，应用型高校逐渐丰富了课程内容，增加了更多的创业实践案例和经验分享，包括创业理论基础、创业计划编写、创业项目管理、风险控制等方面的内容，以及专门的创业实践课程。

第三，创业教育平台逐渐成熟。应用型高校创业教育平台已经建立，通过平台向学生提供创新创业项目支持、创业资讯和交流、团队建设和资源整合等服务，为学生创业提供便捷的支持，同时也为创业教育提供了更好的基础。

第四，学生参与度逐渐提升。应用型高校鼓励学生积极参与创业实践，不仅能够培养学生的创新创业意识和能力，还能够为学生提供更多了解市场和商业运作的机会。越来越多的学生开始参与到创业项目中，成为创业团队的一分子，并在实践中逐步成长。

应用型高校创业教育正逐渐成为高校教育的重要组成部分，促进了高校人才培养的多元化和创新性发展。

二、应用型高校创业教育的必要性

创新创业是促进经济发展的重要动力，应用型高校的创新创业教育可以培养更多具有创新意识和实践能力的人才，促进产业的升级和发展，加速科技成果的转化和应用。

（一）国家科技创新的必然要求

在当前的国际竞争中，科技与人才的竞争已成为竞争实质。中华民族要实现伟大复兴，必须通过科教强国的战略来提高科技水平。高校是科学技术人才的摇篮，其主要任务是培养学生，使其具备扎实的专业基础知识、一定的创新精神和能力，以及对未来社会发展的敏锐洞察力和判断力。因此，培养学生的创新创业能力对于推动国家创新建设的进一步发展具有重要意义。创新是一个民族进步的灵魂，也是一个国家兴旺发达的不竭动力，而高校作为培养高素质人才的重要场所，应该在创新创业教育方面发挥更大的作用。

（二）减缓就业压力的必然保证

随着高校不断扩招，大学生数量逐年增加，毕业生就业市场的竞争也越来越激烈。由于政府机关、其他事业单位减员，国有企业改革和重组等情况，高校毕业生就业形势严峻，失业率不断攀升，这将给社会带来不稳定的因素。然而，加强对学生创新创业的教育，可以帮助、引导和鼓励更多的大学生加入创业创新队伍，培养他们的创新能力，为他们提供更多的就业机会，以期有效缓解社会就业压力。

三、高校创业教育存在的问题分析

创新创业精神的重要性不言而喻，这也引起了各国对于人才培养的高度关注。大学生作为未来时代发展的主力军，其培养也就显得至关重要。因此，高校进行创新创业教育的必要性是显而易见的。然而，在当前的情况下，我国高校创新创业教育仍存在诸多问题，如缺乏完整的创业课程体系、师资力量不足、创业实践活动单一等。随着国家对高校创新创业教育重视程度的不断提高，我们相信这些问题将得到有效解决，创新创业教育也将不断完善，从而更好地培养创新型大学生。

（一）创新创业教育重视不足

虽然已经有部分高校开设了创新创业教育课程，但仍然存在对其重视度和普及度不足的问题。调查发现，许多高校认为开展创新创业教育很难立即取得明显效果，且很少有学生愿意承担创业的风险，因而认为开展该课程是浪费时间，而且虽有高校开设了该课程，但是授课和考察往往存在流于形式的问题，许多教师拟定的考核标准过低，导致学生从心理上不重视该课程。高校需要在教学方式、考核标准等方面作出改进，提高创新创业教育的实效性和吸引力，加强对学生创业意识和创业能力的培养，为未来的创新创业提供更多的人才支持。

（二）创新创业师资经验缺乏

为了提高大学生的创新创业能力，高校应该通过多种方式建设一支经验丰富的教师队伍。除了传统的学术型教师外，高校还应该引进具有丰富创业经验的专业人士，培养一批具有创新创业能力的教师。此外，高校应该建立完善的创新创业课程体系，聘请专职教师授课，同时提高辅导员和非专职教师对创新创业教育的重视程度，鼓励他们积极参与到创新创业教育中来。通过这些措施，高校可以提高创新创业教育的质量和水平，有效地提升大学生的创新创业能力。

（三）课程教育内容更新滞后

及时更新创新创业教育内容是开展该课程的关键之一。然而，许多高校在开设该课程时，仍采用几年前的教材，导致教材内容与当前社会实际脱节。此外，在授课中，教师也缺乏对社会实际的案例分析，对相关知识的拓展、筛选等方面缺乏重视，从而导致教授的内容与社会脱节。为了提高创新创业课程的实效性，高校需要及时更新教材内容，并结合实际案例分析，让学生更好地掌握创新创业的相关知识和技能。

（四）教育教学方法单一

多数高校在开展创新创业教育时，需要注重实践教学，通过创业实践基地、创业课程等形式，让学生能够参与到创业实践中，了解创业的实际操作和市场需求，增强创业意识和实践能力。此外，实践教学需要与理论教学相结合，教师可以通过案例分析、企业家讲座等方式，将理论知识和实践经验结合起来，提高学生对创新创业的理解和应用能力。另外，学校社团组织的创新创业活动也需要注重实效性和可持续性，积极建立更为完善的创业生态系统，为学生提供更多的实践机会和资源支持，促进学生的创新创业发展。

四、提升应用型高校创新创业能力的建议和对策

创新创业是未来社会的重要发展方向，应用型高校的创新创业教育是培养创新型人才的重要途径。改善应用型高校的创新创业能力，有助于更好地培养大学生的创新创业意识、能力和精神，提高他们的综合素质，培养出更多适应现代社会需要的高素质应用型人才。

（一）培养意识，提高应用型人才培养质量

为了培养高素质的应用型人才，应用型本科高校应该重视创新创业教育的实践性和针对性。要提高学生的实践能力，应用型高校需要注重实践教学的开展，如建设创业实践基地、开设创业实践类课程、开展创新创业活动等，让学生在实践中学习、体验、提高创新创业能力。同时，还需要重视对学生创业意识和创新精神的培育，注重对学生进行思想教育和价值观引导，让他们具备勇于创新、乐于创业的心态和素质。此外，还需要营造创新创业的良好氛围，增强学生的创业信心和动力，吸引更多学生投身到创新创业领域。

1.多方协同，改进大学生创业指导服务

大学生创新创业受到多方面因素的影响，既包括个人因素，也与高校、政府、社会组织、企业等第三方因素有关。首先，高校应提供创新创业教育资源，为学生讲授相关知识和技能，激发他们的创新创业热情和兴趣。其次，政府在经济、政治、文化等领域都有着重要的影响力，政府应当制定创新创业政策，为高校大学生创业提供资金和政策支持。此外，社会组织和企业也应发挥其在市场经济活动中的支持和保障作用，帮助大学生在创业过程中克服各种困难，提高其创业成功率。最后，个人因素也是影响创新创业的重要因素，大学生应不断提升自身的创新能力和创业素质，积极寻找机会，勇于挑战自我，实现自我价值。

2.专创融合，融创业教育于专业教育之中

在应用型本科高校中，不同专业的学生应该注重学习自己专业的知识，并且要在此基础上培养自身的创业能力。学校可以通过开设创新创业课程，引入专业领域的专家或企业家，让学生了解市场需求，加强实践操作，使学生更好地掌握创业技能和创新精神。同时，学校还应该开展创新创业实践基地建设，让学生可以到企业中进行实习或实践，使其掌握更多的实践经验。此外，学校还应该加强与企业、政府等社会机构的合作，通过合作开展项目和活动，为学生提供更多的实践机会和支持。

3.内外联动，提供创新创业教育实践平台

创业实践对于培养创业意识、树立创业精神和创造创业品质起着重要作用。此外，实践教学在创新创业教育中扮演着不可或缺的角色。为了让学生在专业实习实践中体会到创业的艰辛，积累宝贵的创业经验，应用型高校应积极搭建有利于专业教育与创业教育有机融合的实践平台，如大学生创业园、大学生创客空间和小微型企业创业基地等，为学生提供实战训练、创新创业资源共享、创新创业思维培训等服务，最终将专业教育与创业教育有机融合，落在创新创业实践中。

（二）产学研相结合，把学生创业训练与专业人才培养相结合

创新创业是社会发展的需要，应用型高校应积极响应社会需求，把创新创业教育与社会实践结合起来，为学生提供更多的实践机会，促进高校与社会的融合发展。

创新创业在现代社会发展中扮演着至关重要的角色。随着科技和经济的快速变化，社会对创新和创业人才的需求也越来越大。为了适应这一需求，应用型高校应

63

积极响应社会需求，将创新创业教育与社会实践相结合，为学生提供更多的实践机会，以促进高校与社会的融合发展。

首先，创新创业教育的结合可以帮助学生更好地应对社会变革和挑战。创新创业教育注重培养学生的创新思维、问题解决能力，使他们具备适应变化和挖掘机会的能力。通过与社会实践结合，学生可以在真实的场景中应用所学知识和技能，应对实际问题并寻找解决方案。这种实践经验不仅可以提高学生的综合素质，还能培养他们的团队合作和领导能力。

其次，与社会实践结合的创新创业教育可以促进高校与社会之间的密切合作。高校应该积极与企业、产业界及社会组织建立合作关系，为学生提供实践机会和资源支持。通过与社会实践的合作，高校可以更好地了解社会的需求和发展趋势，及时调整教育内容和培养目标，确保学生毕业后能够适应社会就业和创业的要求。同时，高校的专业知识和研究成果也可以为社会提供创新和解决问题的方案，促进产学研合作，推动科技创新和社会进步。

再次，创新创业教育与社会实践的结合还可以激发学生的创业热情和创新意识。通过与实践结合的教育模式，学生可以更直接地接触到创业的机会和挑战，了解创业的过程和实际情况。这种体验可以激发他们的创业潜能，增强他们的创业信心，培养他们的创新思维和创造力。同时，社会实践还可以为学生提供与成功创业者和企业家互动的机会。由此，学生可以借鉴他们的经验和智慧，从而更好地为自己的创业之路做准备。这种实践经验和与成功人士的互动可以为学生提供宝贵的启示和指导，帮助他们在创业过程中避免犯一些常见的错误。

最后，创新创业教育与社会实践的结合也有助于培养学生的社会责任感。在实践过程中，学生不仅可以关注商业利益和经济发展，还可以明晰创新和创业对社会的影响。他们可以通过创新解决社会问题，为社会做积极贡献。高校可以引导学生关注可持续发展、社会公正和环境保护等议题，培养他们的社会意识和道德观念，使创新创业教育更具社会价值和影响力。

应用型高校应积极响应社会需求，将创新创业教育与社会实践结合起来。这种结合能够帮助学生适应社会变革，促进高校与社会之间的合作与发展，激发学生的创业热情，培养他们的社会责任感。通过这种融合发展，高校可以为社会培养更多具备创新创业能力的人才，推动社会的持续发展和进步。

第三章

应用型高校创业教育的课程设计

随着社会的快速发展和市场经济的逐步深入，创新和创业已经成为时代的主旋律，应用型高校作为人才培养的重要阵地，也在积极探索如何为学生提供更加系统、专业、实用的创业教育，培养具有创新精神和实践能力的人才。为了更好地满足学生的需求，创业教育课程应从创业意识、创业能力、创新思维等多方面入手，旨在帮助学生全面提升创新创业能力，掌握创新创业的核心理念和实践技能，为其未来的创业之路打下坚实的基础。

第一节　课程设计的原则和方法

创新创业教育是应用型本科高校人才培养中不可或缺的一部分。为了更好地培养具备创新创业能力的应用型人才，应用型高校应该根据创新创业教育的原则和方法，开展创新创业教育。在创新创业教育的实践中，科学的原则、合理的方法有助于更好地实现创新创业教育的目标。

一、应用型高校创业教育课程设计的原则

应用型高校创业教育的课程设计应该遵循针对性、实践性、整合性、灵活性、合作性和评价性等原则。这些原则的遵循，对于创业教育课程的开展、学生创新创业能力的培养以及高校应用型人才培养质量的提高都具有非常重要的意义。

应用型高校创业教育的课程设计应该遵循以下原则。

（一）针对性原则

创业教育的课程设计应该根据不同专业学生的实际情况和需求，有针对性地进行设计。

针对性原则是应用型高校创业教育课程设计中非常重要的一个原则。它强调的是针对学生的实际需求和情况，设计创业教育课程，以最大限度地激发学生的创新创业意识和创业能力。

在针对性原则的指导下，应用型高校创业教育课程设计应该首先考虑学生的专业背景和兴趣爱好，并结合实际情况，制定具有针对性的教学方案。其次，应该充分了解学生的创新创业意识和能力现状，识别其在创新创业方面的瓶颈和困难，开设有针对性的课程，为学生提供相应的指导和帮助。此外，应该根据学生的创新创业需求，选择具有针对性的创业实践项目，为其提供切实可行的创业方案，并为学生提供相关资源和支持。

遵循针对性原则可以使创业教育课程更加贴合学生的实际需求，增强学生的创新创业意识和能力。针对性原则是应用型高校创业教育课程设计的重要原则，只有真正了解学生的需求和情况，才能制定出更加符合学生实际需要的创业教育课程，进而提高学生的创新创业能力。

（二）实践性原则

创业教育的课程设计应该注重实践性，将课程内容与实践相结合，让学生在实践中学习，提高其创业实践能力。

实践性原则的核心在于，课程应当注重培养学生的实践能力，使学生能够将在课堂上所学到的知识转化为实际行动和实践经验。

实践性原则的具体要求包括以下方面。

1. 注重实践教学

应用型高校创业教育课程的设计应该注重实践教学，开设实践性课程或实践项

目，让学生在实践中积累经验，提升实践能力。

2.理论联系实际

应用型高校创业教育课程应该从实际出发，针对当前的创业形势和市场需求设置创业课程内容，让学生能够了解实际情况，从而更好地解决实际问题。

3.强化实践效果

应用型高校创业教育课程应该注重强化实践效果，通过丰富多彩的实践教学方式，提高学生的实践能力和创业素养，为他们未来的创业之路打下坚实基础。

实践性原则是应用型高校创业教育课程设计中的重要原则之一，通过培养学生的实践能力，提升学生的实际操作能力和创业素养，为学生的创业之路提供帮助和支持。

（三）整合性原则

创业教育的课程设计应该整合多学科知识，将不同学科的知识融合在一起，为学生普及全面的知识。

整合性原则的主要目的是将课程内容、教学方法、教学资源等方面进行整合，形成有机的教学体系，实现多元化教学目标。

在创业教育课程设计中，整合性原则主要体现在以下方面：

1.专业课程与创业教育课程的整合

应用型高校创业教育需要以专业课程为基础，通过整合创业教育课程，实现专业知识与创新创业教育的有机结合。这可以使创业教育与专业教育相得益彰，增强学生的专业能力与实践能力。

2.理论知识与实践操作的整合

应用型高校创业教育需要将理论知识与实践操作相结合，这可以使学生在掌握创业理论的基础上，更好地将其应用到实践中去。例如，将创业计划书的写作教学与实际的创业实践相结合，可以使学生更好地掌握创业计划书的写作技巧。

3.教学方法与教学资源的整合

应用型高校创业教育应将教学方法与教学资源进行整合，采用多种教学方法，结合各种教学资源，提高创业教育的实效性。例如，采用案例教学法，通过真实的创业案例进行教学，使学生更好地理解和应用创业理论知识。

通过整合性原则的贯彻实施，应用型高校创业教育可以形成一个有机的教学体系，更好地满足学生的创业需求，提高学生的创业能力和创新素质。

67

（四）灵活性原则

创业教育的课程设计应该灵活，能够根据社会和市场的需求及时调整和更新课程内容，适应时代的发展变化。

灵活性原则是指应用型高校创业教育课程设计需要具有灵活性和可调整性，以适应不同时期、不同环境、不同学生需求的变化。这个原则要求创业教育课程设计具有多样性和弹性，可以根据学生的需求和兴趣灵活选择教学内容和教学方法，及时对课程进行调整和改进。

灵活性原则要求应用型高校创业教育课程设计需要满足以下要求。

1.课程内容要灵活多样

创业教育的内容涉及市场分析、商业模式、融资等多方面，而每个学生在实际的创业过程中所需要的知识和技能也是不同的，因而创业教育课程设计需要具有多样性和灵活性，以适应不同学生的需求和兴趣。

2.教学方法要多样化

创业教育既需要有理论教学，又需要有实践教学，因而在教学方法上也需要灵活多样，可以采用案例分析、讨论、团队合作、模拟实践等多种教学方法，帮助学生更好地理解和掌握创业知识和技能。

3.课程设计要具有弹性

创业教育涉及市场、政策、资金等多方面的因素，这些因素是不断变化的，因而创业教育课程设计需要具有弹性，能够及时调整、改进课程内容和教学方法，以适应变化的环境和学生需求。

灵活性原则的遵循可以使创业教育课程更具针对性和适应性，灵活调整课程内容，根据学生的实际情况进行针对性教学，更好地促进学生创业能力的提升。

（五）合作性原则

创业教育的课程设计应该注重合作性，通过团队合作的方式，培养学生的创业精神和团队协作能力。

应用型高校创业教育课程设计原则中的合作性原则，强调创新创业教育需要与社会和产业紧密结合，需要学生在实践中与外界不同领域、不同背景的人群进行合作。具体而言，合作性原则主要体现在以下方面。

1.跨学科合作

创新创业教育需要学科交叉，只有通过学科之间的交流和合作，才能产生更具创新性的思维和方案。因此，课程设计应该将不同学科的知识融合到一起，鼓励跨学科合作和交流，让学生在实践中掌握跨领域的技能和知识。

2. 校内外合作

应用型高校创业教育需要与社会紧密结合，学校应该积极与企业、政府和社会组织建立合作关系，通过与校外企业、机构和组织合作，为学生提供实践机会，帮助学生深入了解市场需求，增强学生创新创业的能力和信心。

3. 团队合作

创新创业需要集体智慧，倡导学生与他人合作，共同完成任务。因此，在课程设计中，学校应该鼓励学生进行团队合作，让他们学会分工合作、互相协作，形成有效的团队合作模式。

4. 全员参与

创新创业教育需要的全员参与，不仅包括学生，还包括教师和校内外资源。因此，课程设计需要鼓励全员参与，让教师和企业等资源能够积极参与到创新创业教育中来，为学生提供更加全面和深入的教育。

合作性原则是指课程设计鼓励学生之间的互动和合作。创业本身是一项需要团队合作的工作，团队合作能够促进学生在创业教育中共同探讨、共同实践、共同完成任务，从而提高学生的综合素质和团队合作能力，使学生更好地适应未来的工作环境。在课程设计中，学校可以通过多种形式和方式来促进学生开展团队合作。例如，开设团队项目课程、组织团队项目实践活动、组织创业比赛等。在这些活动中，学生可以共同制订创业计划、共同完成实践任务、共同分享经验和心得。同时，教师也应该起到指导和引导作用，帮助学生更好地协调团队关系、解决团队中出现的问题，增强学生的团队意识和合作能力。在教学过程中，教师也可以采用团队教学的方式，让学生在团队中进行学习、开展讨论，通过讨论和交流不同的观点和想法，促进学生之间的互相理解和合作，提高学生的思维能力和创新能力。此外，教师也可以通过小组作业和小组报告等形式来鼓励学生之间的合作，让学生在实践中体会团队合作的重要性。

合作性原则是应用型高校创业教育课程设计中不可或缺的原则，它有利于培养学生的团队合作能力和创新精神，提高学生的综合素质，使学生能够更好地适应未来的工作环境。

（六）评价性原则

创业教育的课程设计应该注重评价性，建立完整的创业评价体系，为学生提供有效的反馈和指导，帮助他们不断完善自己的创业计划和方案。

评价性原则是应用型高校创业教育课程设计中不可或缺的一个原则。它强调课程设计要有具有针对性的评价方法和标准，以便有效地评估学生的学习效果和课程的教学效果，从而不断提高教学质量。

课程设计应该制定明确的评价体系和标准，使学生在学习过程中能够对标自己的学习进度和学习成果。评价标准应该包括学生的学术表现、实践能力、团队合作能力、创新能力、创业意识和思维能力等方面。评价方法应该多样化，包括考试、论文、报告、展示、演讲、创业项目等，以便全面评估学生的学习效果和能力。

此外，评价应该是持续性的，即课程设计应不断进行评价和反馈，及时发现学生的问题和不足，帮助学生调整学习方向和方法，强化学生的学习效果。同时，评价结果应该及时反馈给学生，让学生知道自己的学习成果及存在的不足，并为学生的下一步学习提供指导和帮助。

评价性原则是应用型高校创业教育课程设计中至关重要的原则之一，通过制定明确的评价体系和标准，采取多样化的评价方法和持续性的评价反馈，可以有效提高教学质量，促进学生的全面发展。

综上所述，这些原则的遵循有助于提高创业教育的有效性和实用性，培养更多的创新创业人才，为国家的创新发展做贡献。

二、应用型高校创业教育课程设计的方法

应用型高校创业教育的课程设计是为了培养学生的创新创业能力和素质，以应对社会发展的需要。而一个合理的课程设计可以帮助学生系统地学习创业知识，从而更好地投身创业实践。本部分将详细介绍应用型高校创业教育的课程设计方法，以期为教育工作者提供参考和帮助。

应用型高校创业教育课程的设计过程是一个系统性、复杂性、创新性和实践性较强的过程。课程设计需要综合考虑创业教育的目标、原则、方法、内容和形式等多方面因素。因此，一个完整的课程设计方法应该包括以下步骤：分析课程需求、明确课程目标、确定教学内容与形式、设计教学评价方式和调整优化课程设计。

应用型高校创业教育的课程设计方法需要充分考虑学生的实际情况和学习需求，确保课程设计的有效性和可操作性。以下是一些常用的课程设计方法。

（一）前瞻性思维法

前瞻性思维法是通过对社会和行业发展趋势的分析，预测未来创业市场的走向和需求，并以此为依据来设计创业教育的课程内容。

前瞻性思维法是应用型高校创业教育课程设计的一种重要方法，其核心在于对未来趋势的分析和预测。该方法主要包括以下步骤。

1. 明确课程目标和定位

在开展创业教育课程设计之前，需要明确课程目标和定位，即希望学生通过该课程可以获得哪些创业技能、知识和经验，以及在未来的创业环境中应该具备哪些能力和素质。

2. 分析未来趋势

通过对当前社会、经济、科技等领域的发展趋势进行分析，找出与创业相关的主要发展趋势和方向，从而为课程内容的设计提供指导。例如，当前互联网、人工智能、新能源等领域的发展对于创业有着重要的影响，教师可以通过对这些领域的分析，为学生讲授与之相关的创业知识和技能。

3. 设计教学内容

基于对未来趋势的分析和预测，教师可以根据课程目标和定位，设计与之相关的教学内容，包括课程主题、课程框架、教学方法和教材选择等方面。例如，互联网领域的创业课程，可以设计如"电商创业""网络营销"等相关主题，选择适合的教材和教学方法，以帮助学生更好地掌握相关知识和技能。

4. 开展实践教学

创业教育的实践教学至关重要，教师可以设计实践教学活动，让学生将课堂学习所得应用到实践中。通过开展实践教学，学生能够更好地掌握所学知识和技能，并将其应用于未来的创业实践中。

5. 评价和反思

教师需要对课程的实施进行评价和反思，以不断提升教学效果。教师可以通过学生的作业和考试情况、创业计划书等对其进行评价，同时也要引导学生对自己的学习进行反思和总结，及时发现不足并加以改进。

前瞻性思维法是应用型高校创业教育课程设计方法中的一种重要方法，其主要特点是从未来的角度出发，预测和分析未来的趋势和变化，以此为依据来设计课程，使学生在未来的竞争中具备更强的竞争力。在应用型高校创业教育中，前瞻性思维法通常应用在以下方面。

第一，预测未来的创业趋势和机会。通过分析未来社会经济、科技、文化等方面的趋势和变化，预测未来的创业机会，将这些信息融入创业教育课程设计，使学生在课程学习中了解未来的创业机会和趋势，有针对性地培养学生相应的创新能力和创业意识。第二，联系实际案例进行学习。通过案例学习的方式，引导学生运用前瞻性思维法进行分析和预测，了解未来的趋势和变化，结合实际案例进行思考和讨论，从而培养学生的创新能力和创业思维。第三，探究未来市场需求。运用前瞻性思维法分析未来市场需求的变化和趋势，了解未来市场的特点和趋势，将这些信息融入创业教育课程设计，使学生在课程学习中了解未来市场的特点和趋势，有针对性地培养学生相应的市场分析能力。第四，引导学生进行前瞻性创新。运用前瞻性思维法，引导学生进行前瞻性创新，探索未来的创新方向和可能的创新领域，培养学生的创新能力，为其未来的创业做好充分的准备。

通过运用前瞻性思维法，应用型高校创业教育课程设计可以更加贴合未来的市场趋势和需求，使学生具备更强的竞争力和创新能力，为其未来的创业和发展打下坚实的基础。

（二）现代化技术手段法

现代化技术手段法是利用现代化技术手段，如互联网、智能手机、移动应用等，设计在线学习平台、线上课程、社交媒体等多样化的教学资源模式，以提高教学效果和学生的学习参与度。

现代化技术手段法是指在课程设计中运用现代化技术手段，旨在提高教学效果和学生的参与度和兴趣。具体来说，应用型高校创业教育课程设计可以运用以下现代化技术手段。

1. 多媒体教学技术

通过投影仪、电视、计算机等多媒体媒介，将课程内容以图像、声音、文字等多种形式进行呈现，以激发学生的兴趣和注意力。

2. 网络教学技术

通过网络教学平台，学生可以随时随地参与学习和讨论，同时课程的灵活性和互动性也得到有效提高。

3.虚拟仿真技术

通过虚拟现实技术，学生可在虚拟的环境中进行创业实践，学生的实践能力和体验感得到有效提升。

4.移动学习技术

通过移动设备，学生可以随时随地进行学习和交流，学生的学习效率得到有效提升。

5.人工智能技术

人工智能技术为学生提供个性化的学习支持，帮助学生更好地掌握知识和技能。现代化技术手段可以让应用型高校创业教育课程更加生动、丰富和有趣，学生的学习参与度得到有效提高。

（三）项目驱动法

项目驱动法是通过创业项目的培育和实践，推动创业教育发展的方法。它以项目为载体，将课程内容转化为实践经验，让学生在实践中学习创业技能。

项目驱动法是应用型高校创业教育的一种课程设计方法，其主要思想是通过让学生参与创新创业项目的设计、实施和落地，促进学生创新创业能力的提升。该方法的核心是将学生从课堂中解放出来，让他们在实践中学习和成长。

项目驱动法的具体实现过程包括以下方面。

1.选定适合的项目

根据学生的专业背景和创业意愿，选择一些适合的创业项目，可以是学生自己提出想法的项目，也可以是校内外的创业项目。

2.分组开展工作

将学生分组，每个小组负责一个创业项目，每个小组内部形成团队，分工合作。

3.设计项目方案

小组成员利用课内时间或课外时间，对创业项目进行深入的市场调查、技术研究和商业计划书的撰写等工作，形成一个完整的项目方案。

4.实施项目方案

小组成员按照项目方案，开展项目实施，包括产品设计、市场推广、融资、商务谈判等环节。

5.反思和总结

项目实施完成后，小组成员进行反思和总结，找出项目中存在的问题和不足，为下一次的项目实施做好准备。

项目驱动法的优点在于可以将理论与实践有机结合，帮助学生更好地理解和应用课堂所学知识，培养学生的创业能力和创新思维，强化学生的综合素质和团队合作精神。同时，这种方法也能够为学生提供创业实践的机会，为其未来的创业之路打下坚实的基础。

（四）案例教学法

案例教学法是通过真实案例的介绍和分析，让学生了解创业成功和失败的原因和经验，并将其应用于自身创业项目的设计和实践中的方法。

案例教学法是应用型高校创业教育课程设计中常用的一种教学方法。它通过引入真实的创业案例，让学生在教师的指导下深入分析、研究和探讨实际的创业问题，并通过课堂讨论、小组讨论等方式，促进学生的创新思维和实践能力的培养。

案例教学法的优点在于可以让学生在实际的情境中学习创业知识和技能，更好地理解和掌握创业相关的概念和理论。通过案例教学，学生可以了解不同的创业模式和策略，并且能够在讨论中相互学习和交流，进一步拓宽自己的创业思路。

在应用型高校创业教育课程设计中，案例教学法可以被应用于不同的课程模块，如创业管理、市场营销、商业计划等。在教学实践中，教师可以通过选择具有代表性的创业案例，让学生对创业实践有更深入的了解和认识。同时，教师还可以引导学生从案例中提炼出创业成功的关键因素，并开展具针对性的分析和讨论，进一步提升学生的创业和实践能力。

需要注意的是，在使用案例教学法时，教师需要选择具有代表性和可操作性的创业案例，并根据学生的学习情况和需要进行适当的调整和改进。此外，教师还需要在教学过程中注重激发学生的兴趣和主动性，促进学生积极参与和合作，营造良好的学习氛围。

（五）融合式课程设计法

融合式课程设计法是将不同学科领域的知识和技能有机融合在一起，形成跨学科的课程设计，旨在提高学生的创新和创业能力。

融合式课程设计法是应用型高校创业教育中常用的一种课程设计方法。它的核心思想是将不同学科领域的知识和技能有机地结合起来，形成一门综合性的课程，帮助学生更好地理解和应用所学知识。

1.确定课程目标和学习成果

在设计课程时，教师首先需要明确课程目标和学习成果。这有助于确保课程内容和教学活动与学生的学习目标一致。

2.分析学生需求和背景

在设计课程时，教师需要考虑学生的需求和背景。这包括学生的知识水平、技能和兴趣等方面。只有了解学生的需求和背景，才能设计出适合他们的课程内容和教学活动。

3.确定课程主题和关键词

教师应根据课程目标和学生需求，确定课程主题和关键词。课程主题应该能够涵盖多学科领域的知识和技能，同时与学生的学习目标一致。关键词则是在课程设计和实施中指导学生思考和探究的关键要素。

4.选择适当的学科领域和课程内容

在设计课程内容时，教师需要选择适当的学科领域和课程内容，以满足课程目标要求和学生需求。这包括在不同学科领域中选取相关的知识和技能，并将它们融合在一起，形成一个综合性的课程。

5.设计教学活动和评价方式

在设计教学活动时，教师需要考虑如何将不同学科领域的知识和技能结合起来，形成有意义的活动。同时，还需要设计合适的评价方式，以确保学生实现预期的学习目标。

6.课程实施和学习成果评估

在课程实施过程中，教师需要对学生的学习成果进行评估，以了解他们是否达到了预期的学习目标。评估方式可以包括课堂作业、期末考试、项目报告等。

总的来说，融合式课程设计法是一种综合性的课程设计方法，能够将不同学科领域的知识和技能有机地结合起来，帮助学生更好地理解和应用所学知识。它能够激发学生的学习兴趣和创造力，培养学生的综合素质和实践能力，提高他们在创业领域的竞争力。

在应用型高校创业教育中，融合式课程设计法常常被应用于创业实践课程的设计。这类课程能够帮助学生在实践中掌握创业知识和技能，并且能够将不同学科领域的知识和技能有机地结合起来，培养学生的综合素质和实践能力。例如，创业实践课程的设计可以选择如市场营销、财务管理、商业模式创新等不同学科领域的知识和技能。同时，可以将这些知识和技能与实际的创业项目结合起来，通过项目实践、团队合作、演讲比赛等教学活动，帮助学生理解和应用所学的知识和技能。需要注意的是，融合式课程设计法虽然能够将不同学科领域的知识和技能结合起来，但在设计过程中也需要考虑如何平衡不同学科领域的内容，避免某一学科领域的内容占据主导地位，影响课程的质量。因此，在设计过程中，教师需要进行科学的权衡和规划，确保课程内容和教学活动具整体性和一致性。

（六）合作学习法

合作学习法是以团队合作为主要方式，通过互动交流和协作完成创业项目的设计和实践，培养学生的团队协作能力和领导能力。

合作学习法是应用型高校创业教育中常用的一种课程设计方法。它的核心思想是将学生分为小组，让小组成员在合作和协作的过程中，共同探索和解决问题，从而提高学生的学习效果和创新能力。

1.确定学习目标和任务

在设计课程时，教师首先需要明确学习目标和任务。学习目标应该与课程主题和教学内容一致，同时也应该考虑学生的学习需求和背景。任务则是在小组合作学习过程中需要完成的具体工作，用于激发学生的学习兴趣，提升其创造力。

2.小组分组

在小组分组时，教师应该考虑学生的兴趣、专业、学习能力等因素，尽量保证小组内学生的能力和水平相当。同时，还需要确定每个小组的组长和组员，以便组织和管理小组人员开展学习活动。

3.设计合作学习活动

在设计合作学习活动时，教师应该考虑如何让小组成员在合作和协作的过程中，共同探索和解决问题。合作学习活动可以包括小组讨论、角色扮演、项目合作等内容，旨在促进学生之间的交流和合作。

4.指导和管理学习过程

在学习过程中，教师应该为学生提供必要的指导，并进行适当的管理。指导包括提供必要的学习资源和信息、解答学生的问题、监督学习进度等。管理则包括组织和管理小组学习活动、协调小组之间的合作、解决学生之间的矛盾等。

5.评估学习成果

在学习结束后，教师需要对学生的学习成果进行评估。评估方式可以包括小组报告、演讲比赛、项目成果展示等，旨在了解学生是否达到了预期的学习目标。

合作学习法是一种有效的课程设计方法，能够激发学生的学习兴趣和创造力，培养学生的合作精神和实践能力，提高他们在创业领域的竞争力。需要注意的是，合作学习法虽然能够强化学生的学习效果，提高其创新能力，但在实施过程中也需要注意一些问题。例如，小组成员之间的合作默契度、学生学习能力的差异等，都可能影响合作学习的效果。因此，在实施过程中，教师需要及时发现和解决问题，提高小组成员之间的合作效率。同时，也需要注重评估学生的学习成果，以确保他们达到预期的学习目标。

以上是一些常见的应用型高校创业教育课程设计方法，教师可根据实际情况和学生需求，选择合适的方法或者将多种方法相结合，确保课程设计的有效性和可操作性。

第二节　创业教育课程的设计要点和实施方案

创业教育的课程设计要点和实施方案是创业教育成功的关键要素之一。课程设计应该根据学生的实际情况和需求，注重理论与实践相结合，包括创业基础知识、创业计划编写、创业项目管理、创业实践、创业生态等方面。实施方案应该注重师生互动、实践环节和多元化教学方法的应用。本节将从课程设计要点和实施方案两个方面进行论述。

一、创业教育课程的设计要点

创业教育课程的设计是为了构建学生的创新思维，提升其创业能力，帮助他们了解创业的基本概念、流程和技巧，以及如何运用这些知识创建成功的企业。在设计创业教育课程时，教育者需要考虑学生的背景和能力，并结合实践案例和行业趋势，为其提供有挑战性的课程项目和任务，以激发学生的创新精神和实践能力。同时，教育者需要注重培养学生的团队合作和沟通能力，以及创业精神和责任感，帮助他们成为有价值的创业者和领导者。

（一）构建创业和创新思维

创业教育课程应该鼓励学生发掘创业机会和创新点，培养他们的创业意识和创新思维能力。以下是关于建立创业意识和创新思维的创业课程设计要点。

1.创新意识的培养

教师可以通过分享成功的创新案例，让学生了解创新的重要性，同时可以通过讨论创新的方法、技术和工具，帮助学生构建创新思维、掌握创新技能。

2.创业机会的发掘

创业教育课程应该鼓励学生发掘创业机会。学生可以通过市场调研、社会调查等方式，了解社会需求，发现潜在的创业机会，同时可以通过分析行业趋势、竞争情况等，评估创业机会的可行性。

3.创意生成和评估

创意是创新的基础，创意的生成和评估是创业过程中非常重要的一环。创业教育课程应该帮助学生学习创意生成和评估的方法和技巧。同时，学生还需要学习如何评估创意的可行性和商业价值。

4.创业精神的培养

创业精神是创业过程中必不可少的因素之一。创业教育课程应该帮助学生培养创业精神，如敢于冒险、不怕失败、乐于尝试等。

5.创业文化的建立

创业教育课程应该帮助学生了解创业文化，如创业的价值观、创业精神等。同时，学生需要了解不同的创业文化和环境，如国内和国际的创业环境、政策等，以便更好地了解和适应创业环境。

创业教育课程应该帮助学生构建创业和创新思维，培养学生创新、创业的能力和素质，让学生在未来的创业道路上更加自信。

（二）学习市场分析和商业模式设计

在创业之前，了解市场情况和竞争对手是非常重要的。创业教育课程应该帮助学生掌握市场分析和商业模式设计等方面的基础知识。以下是关于学习市场分析和商业模式设计的创业课程设计要点。

1. 市场分析方面的基础知识

学生应该了解市场分析的基本概念、方法和工具。此外，学生还应该学习如何分析消费者行为、竞争对手和市场趋势等，以便更好地了解市场环境和创业机会。

2. 商业模式的设计

商业模式是创业成功的关键要素之一，创业教育课程应该能够帮助学生掌握商业模式设计的基础知识和技能。学生应该学习如何设计和优化商业模式，如产品和服务的定位、价值主张、收益来源等。

3. 市场定位和目标群体

市场定位和目标群体的确定是创业过程中非常重要的一环。创业教育课程应该帮助学生学习如何定位市场和确定目标群体，如通过市场调研和分析，了解目标群体的需求和行为，从而更好地定位市场和制定营销策略。

4. 竞争对手的分析和竞争策略的制定

竞争对手是创业过程中必须考虑的因素。创业教育课程应该帮助学生了解竞争对手的情况，如竞争对手的产品和服务、市场份额、优势和劣势等。同时，学生还应该学习如何制定有效的竞争策略，如如何与竞争对手区分开来、如何优化产品和服务等。

5. 商业计划书的编写

商业计划书是创业过程中必须编写的重要文档。创业教育课程应该帮助学生学习商业计划书编写的结构、内容和格式、技巧等。

学习市场分析和商业模式设计是创业教育课程中非常重要的一环。这些知识和技能可以帮助学生更好地了解市场环境、制定商业策略和规划创业方向，从而提高其创业成功率。

（三）深入了解产品和服务

创业教育课程应该能够帮助学生深入了解产品和服务，使其掌握产品设计和开发、服务流程设计和管理等方面的知识和技能。以下是关于深入了解产品和服务的创业课程设计要点。

1. 产品开发和设计

创业教育课程应该能够帮助学生学习产品开发和设计的基本知识和技能，如产

79

品设计的原则、流程等。学生应该了解如何进行市场调研和用户研究，以便更好地理解用户需求，设计出更适合市场的产品。

2.产品定位和品牌建设

产品定位和品牌建设是产品营销和推广中非常重要的一环。创业教育课程应该能够帮助学生了解如何确定产品的定位和品牌，如如何打造独特的品牌形象和品牌故事等。

3.服务流程的设计和管理

对于服务型创业而言，服务流程的设计和管理是非常重要的。创业教育课程应该能够帮助学生掌握服务流程的设计和管理技能，如如何设计出高效的服务流程、如何管理服务流程中的各个环节等。

4.用户体验设计

用户体验设计是提升产品和服务质量的关键要素之一。创业教育课程应该能够帮助学生学习用户体验设计的基本原理和方法，如能够进行用户研究、原型设计、交互设计等。

5.创新技术的应用

现代科技的发展为产品和服务的创新提供了无限的可能性。创业教育课程应该能够帮助学生了解创新技术的应用，如人工智能、大数据、区块链等，以便学生更好地理解市场需求和提高产品、服务的质量。

深入了解产品和服务是创业教育课程中非常重要的一环。这些知识和技能可以帮助学生更好地理解市场需求、提高产品和服务的质量，从而提高其创业成功率。

（四）培养团队合作能力和领导力

在创业中，团队合作能力和领导力是非常重要的。创业教育课程应该能够帮助学生培养团队合作能力和领导力，如如何协调团队、如何管理人员等。

团队合作能力和领导力是创业中至关重要的能力，对于创业者来说具有重要意义。团队合作是指在一个小组中合作实现共同目标的过程，而领导力则是指一个人通过影响和激励他人来实现目标的能力。通过创业教育课程学习，学生应当具备以下能力。

1.沟通能力

沟通是团队合作的基石。创业教育课程应该教授学生如何进行有效沟通，如如何表达自己的想法和观点，并倾听他人的反馈和建议。同时，学生还应该学习如何在不同的沟通情境中运用不同的沟通技能。

2. 协作能力

协作是团队合作的关键。创业教育课程应该教授学生如何在小组中合作实现共同目标。学生需要学习如何与他人合作、如何分配任务和如何协调工作。同时，他们还应该学习如何面对协作中的挑战，如如何处理不同意见和如何解决矛盾。

3. 领导能力

领导力是创业者必备的能力。创业教育课程应该教授学生如何成为有效的领导者。学生需要学习如何激励他人、如何赋权并鼓励员工承担更多责任，以及如何在团队中发挥自己的优势。

4. 团队建设能力

团队建设是创业过程中非常重要的一步。创业教育课程应该教授学生如何建立并管理一个高效的团队。学生需要学习如何识别和招募合适的人才、如何培养员工掌握技能和如何评估员工的表现。

5. 自我认知能力

自我认知和情商是领导力发挥、团队合作的关键。创业教育课程应该教授学生如何认识自己、如何管理自己的情绪，以及如何与他人建立关系。学生还需要学习如何识别自己的优势和缺点，以及如何与他人合作。

创业教育课程应该帮助学生培养团队合作和领导能力，以帮助他们在创业中获得成功。通过掌握上述技能，学生将能更好地协调团队、管理人员，并领导团队实现共同目标。此外，创业教育课程还应该包括实践机会挖掘方面的内容，如模拟商业场景、开展小组项目，以帮助学生将所学应用到实践中，并提供反馈和建议以帮助他们不断改进和提升团队合作能力和领导力。

（五）掌握财务管理和融资知识

在创业过程中，财务管理和融资是非常重要的环节。创业教育课程应该帮助学生掌握财务管理和融资知识，如如何制订财务计划、如何融资等，以帮助他们在创业过程中作出正确的财务决策。以下是创业教育课程应该涵盖的财务管理和融资方面的主要内容。

1. 制订财务计划

制订财务计划是创业过程中至关重要的一步。创业教育课程应该教授学生如何制订财务计划，包括预算、现金流量、收益和成本等方面。学生需要学习如何评估资本需求和资金来源，并了解如何管理资金和支出。

2.学习财务管理技能

财务管理是创业的核心。创业教育课程应该教授学生如何理解财务报表，如利润和损失表、资产负债表和现金流量表，并学习如何分析这些报表以支持决策。此外，学生还应该学习如何管理资金流动，如如何管理现金、贷款等。

3.学习融资知识

融资是创业过程中的又一个关键环节。创业教育课程应该教授学生如何获得融资和管理融资。学生需要了解不同类型的融资方式，如风险投资、天使投资、银行贷款等，并具备制定适当的融资策略的能力，以满足他们的资本需求。此外，学生还应该学习如何管理融资，包括如何协调股东关系、如何进行财务分析和如何管理债务。

4.学习财务风险管理

财务风险管理是创业过程中的重要方面之一。创业教育课程应该教授学生如何识别和管理财务风险，如货币风险、信用风险、市场风险和流动性风险等。学生需要学习如何制定风险管理策略，以降低和管理不确定性。

财务管理和融资是创业过程中至关重要的环节，创业教育课程应该帮助学生掌握这些知识。通过学习如何制订财务计划、学习财务管理技能、学习融资知识和学习财务风险管理，学生将能更好地管理自己的财务，作出明智的财务决策，并为自己的企业获得融资。

（六）实践创业项目

创业教育课程应该将理论知识与实践结合起来，让学生在实践创业项目中学习和成长。

创业教育课程应该将理论知识与实践相结合，这是创业教育的一大特点。学生通过实践创业项目可以获得更深入的学习和成长。创业教育和实践相结合的意义主要表现在以下方面。

1.强化学生的学习效果

理论知识和实践是相互联系的。学生通过实践创业项目，能够将理论知识转化为实际操作，进而更好地理解和掌握知识。同时，学生还可以带着实践中遇到的问题到理论知识中寻找解决方案，促进自身对知识的深入理解和应用。

2.培养学生的创业能力

创业教育的主要目的是培养学生的创业能力。学生通过实践创业项目可以更好地了解创业过程，并通过实践经验来提升自己的创业能力。同时，实践创业项目可以让学生了解行业和市场，掌握市场变化和趋势，帮助他们更好地创业。

3.促进学生的自我成长

创业过程中的挑战和困难可以促进学生的自我成长。通过实践创业项目，学生可以获得真实的创业经验。同时，学生还可以发现自己的优点和缺点，并通过反思和反馈来完善自我。

4.提高学生的就业竞争力

实践创业项目可以帮助学生获得更多的实践经验，这对于提高学生的就业竞争力非常有帮助。企业更加需要拥有实践经验和创新能力的人才，学生通过实践创业项目，可以为自己的就业前景增加更多的筹码。

创业教育课程应该将理论知识与实践相结合，让学生在创业项目中实践。通过创业项目，学生可以获得更深入的学习和成长，提高自己的创业能力和竞争力。因此，创业教育课程应该鼓励学生参与创业项目，为其提供机会和资源，支持学生的创业实践。学校可以建立创业孵化器和实验室，为学生创业提供场地和设施，并邀请专家和企业家为学生创业提供指导和支持。同时，学校还可以与企业和投资者建立联系，为学生创业提供融资和合作机会。

（七）激发创业激情

创业教育课程的设计应该注重激发学生的创业激情，培养他们的创业精神和创新能力。创业教育不仅是为了让学生掌握一定的知识和技能，更重要的是要激发学生的热情和激情，让他们敢于尝试和创新。

首先，创业教育课程应该注重培养学生的创业精神。创业精神是创业成功的关键，它包括创新精神、团队合作精神、拼搏精神和承担风险的精神等。在课程设计中，教师可以通过案例教学、演讲比赛、模拟创业等方式，激发学生的创业热情，引导他们积极探索和尝试。

其次，创业教育课程应该注重培养学生的创新能力。创新是创业的灵魂，也是创业成功的重要保障之一。在课程设计中，教师可以通过创新实验、设计竞赛、创新项目等方式，培养学生的创新思维和实践能力，让他们能够在创业过程中快速适应和应对市场的变化。

最后，创业教育课程应该注重培养学生的团队合作精神。在创业过程中，团队合作是非常重要的，一个好的团队可以发挥出更大的创新能力和创业潜力。在课程设计中，教师可以通过团队项目、小组讨论等方式，让学生学会如何协作、如何相互信任和支持，取得更好的成果。

创业教育课程的设计应该注重激发学生的创业热情和创新能力，同时也应该注重培养学生的团队合作精神，让学生在创业过程中充分发挥出自己的潜力和创造力。

创业教育课程应该全面、系统地培养学生的创业能力和素质，帮助他们在未来创业过程中获得成功。

二、创业教育课程的实施方案

创业教育课程旨在培养学生的创业意识、创新能力和实践能力，为学生提供创业所需的知识和技能。创业教育课程的实施方案主要应包括以下方面。

（一）制定创业教育课程标准和大纲

根据创业教育的目标和要求，制定课程标准和大纲，明确课程内容、教学目标和评价标准，为教学实施提供指导。制定课程标准和大纲是确保教学质量和实现教育目标的关键步骤。

（二）整合课程资源

结合创业教育课程的特点，整合校内外资源，包括教材、案例、讲座、实践平台等，以丰富的教学资源支持课程实施。整合校内外资源对于提升创业教育课程的质量和效果至关重要，主要包括以下内容。

1. 整合案例资源

创业教育需要大量的实际案例来支撑教学和实践，高校可以整合相关的创业案例，为学生提供参考和借鉴。

2. 整合导师资源

创业教育需要有经验的导师来指导学生，高校可以整合相关的导师资源，为学生提供更好的指导和帮助。

3. 整合创业平台资源

创业教育需要有实际的创业平台来实践和测试，高校可以整合相关的创业平台资源，为学生提供更好的实践和测试环境。

4.整合专业资源

创业教育需要相关的专业知识支持，高校可以整合相关的专业资源，为学生提供更全面的知识支持。

5.整合资金资源

创业教育需要相关的资金支持，高校可以整合相关的资金资源，为学生提供更好的资金支持和帮助。

在整合资源过程中，高校可以通过与相关机构和组织进行合作，共同推进创业教育的发展。同时，也需要建立相应的管理机制，确保整合资源的有效性和可持续性。

通过以上策略，教师可以在创业教育课程设计中充分整合校内外资源，为学生提供丰富的教学支持。这将有助于培养学生的创业能力，为他们未来的职业生涯奠定坚实基础。

（三）采用多元化教学方法

根据创业教育课程的特点，教师采用多元化的教学方法，如讲座、案例分析、项目实践、模拟经营等，激发学生的学习兴趣和积极性。

创业教育课程是一种注重实践和创新的教学形式，其目的是培养学生的创业精神和创新能力，为学生提供创业实践的机会和资源，使他们能够成为具有创新思维和创业能力的人才。为了达到这个目的，教师在开展创业教育时采用多元化的教学方法，包括讲座、案例分析、项目实践、模拟经营等。

讲座，通过邀请成功创业者、投资人、行业专家等来给学生讲解创业的过程和技巧，让学生了解创业，激发他们的创业热情。此外，开办讲座也能够为学生提供各种创业信息和资源，帮助他们更好地了解创业的实践操作。

案例分析，通过对一些成功和失败的创业案例进行分析，让学生了解创业的风险和机遇，学习其他创业者的成功经验，从失败中吸取教训，以便更好地准备自己的创业计划。

项目实践，通过让学生参与真实的创业项目，让他们了解创业的过程，进行创业的实际操作，培养自身的实践能力和创新思维。在项目实践中，学生可以学习如何组织团队，了解市场和竞争情况，掌握企业运营和管理技巧等。

模拟经营，通过让学生参与经营模拟游戏，让他们了解企业经营的各个方面，如财务管理、市场营销、人力资源管理等，培养创业者必备的管理技能。同时，模拟经营还可以让学生在相对安全的环境中体验创业的过程，降低创业风险。

创业教育课程采用多元化的教学方法，旨在为学生提供全方位的创业教育，培养学生的创业精神和创新能力。这些教学方法可以激发学生的学习兴趣和创业积极性，使学生更加主动地参与学习和实践。通过讲座、案例分析、项目实践和模拟经营等教学方法的相互补充和配合，学生可以获得多方面的创业知识和技能，加深对创业实践的理解和掌握。

（四）加强师资队伍建设

高质量的师资队伍是应用型高校教学质量生命线的关键保证。创业教育需要导师，高质量的师资队伍既是深入推进高校创业教育的核心动力，也是打造"双创"教育升级版的必然要求。提高教师的教学能力和创业指导水平，可以从以下方面入手。

1.创业教育培训

缺乏创业经验的教师，需要接受专门的培训，以提高其创业指导水平。这可以通过开设专门的培训课程、开办组织工作坊、邀请成功创业者分享经验等方式来实现。

2.教学培训

教师需要具备优秀的教学技能，以便有效地向学生传授创业知识和技能。这可以通过向教师提供教学培训和教学指导来实现。培训和指导可以包括如何设计和实施课程、如何评估学生的学习成果、如何与学生建立有效沟通等方面。

3.提供创业资源和支持

教师只有得到充分的资源和支持，才能够将创业教育理念有效应用于实践中。这可以通过向教师提供创业资源、开设创业实验室、与创业孵化器建立合作关系等方式来实现。这些资源和支持将有助于教师更好地指导学生进行创业，并为学生提供实践机会。

选拔和培训具有创业经验和教育背景的教师，提高教师的教学能力和创业指导水平，需要综合运用多种方法和手段。这些步骤可以帮助教师更好地向学生传授创业知识和技能，培养学生的创新和创业能力，为他们的成功打下坚实的基础。

（五）建立实践基地和创业孵化器

与企业和社会组织合作，建立实践基地，为学生提供实践和创业的机会；设立创业孵化器，支持学生的创业项目。实践基地可以是企业、社会组织、创业园区等，应用型高校通过与这些实践基地合作，可以为学生提供更多的创新创业机会和资源，提高学生的实践能力和创业能力，也可以促进学生的创新创业能力和实践能力的不断提升。

此外，应用型高校还应进一步加大对校内创业孵化器的扶持力度，支持学生的创业项目。创业孵化器是一个提供创业服务和资源的平台，可以为学生提供创业资金、场地、技术、市场等多方面的支持，帮助学生将创业项目变成现实。通过与创业孵化器的合作，学生可以得到更多的创业支持和指导，同时也可以与其他创业者分享经验和资源，创造更多的创新创业机会。

（六）加强校企合作

应用型高校与企业和社会组织建立合作关系，共同开展实践教学、项目合作、人才培养等活动，可以为学生提供更加实际和有针对性的创业实践平台，从而更好地培养创新创业人才。

一方面，企业和社会组织拥有丰富的行业经验和资源，可以与应用型高校共同开展实践教学、项目合作等活动，为学生提供更实际的实践机会。学生在企业和社会组织中可以接触到更多的实际问题，了解行业内的运作模式和市场需求，通过实践来提高创业能力和实践能力，同时也为企业和社会组织提供了更多的创业人才资源。另一方面，应用型高校与企业和社会组织合作，可以为学生提供更多的创业资源和机会。例如，企业和社会组织可以为学生提供资金支持、技术支持、市场支持等，帮助学生实现创业梦想。同时，通过与企业和社会组织的合作，学生也可以建立更广泛的人际关系网，拓展自己的社交圈，增加创业机会、积累资源。

（七）设立创业教育评价体系

创业教育评价体系是对学生在创业教育方面表现的综合评价，其中应当包含学生的创业意识、创新能力和实践能力等多方面。这样的评价体系不仅可以帮助学生更好地了解自己在创业教育方面的表现，也可以为学校提供有价值的信息，以便改进和完善创业教育的内容和方式，从而促进学生全面发展，其主要包括以下因素。

1.创业意识

创业意识是指学生对创业的认知和理解程度，包括对市场、行业、商业模式等方面的认知和理解。它通过学生在创业比赛、商业计划书等项目中展示的能力来评估。

2. 创新能力

创新能力是指学生在创业过程中提出独特的创意和解决方案的能力。它可以通过学生的创业项目、创新性产品设计等方面来评估。

3. 实践能力

实践能力是指学生在实际的商业运营过程中所表现出来的能力，包括市场拓展、销售、营运管理等方面。它可以通过学生的商业计划书、市场调研报告、财务报表等方面来评估。

建立创业教育评价体系还需要考虑评价指标的具体量化方式和评价标准。量化指标可以是分数、等级或排名等，评价标准应该是明确的、客观的、可操作的，并且应该与创业教育的目标一致。

同时，评价体系应该充分考虑学生的个性化和多元化，避免过分强调某些方面的表现而忽视其他方面的表现。例如，一些学生可能在创新能力方面表现出色，但在实践能力方面有所欠缺。评价体系应该能够在综合评价多方面的表现后，全面评估学生在创业教育方面的表现。

建立一个全面、科学的创业教育评价体系可以有效地促进学生在创业教育方面的全面发展，为学校提供有价值的反馈信息，有助于推动创业教育的不断改进和提高。

（八）强化家校沟通和合作

学校应加强与家长的沟通和合作，让家长了解创业教育的重要性，共同为学生的创业能力培养提供支持，也可以将家里的创业资源同学校互通互融。

家长是学生成长道路上的重要伙伴和支持者，他们的理解和支持对学生的创业至关重要。因此，加强与家长的沟通和合作，让家长了解创业教育的重要性，共同为学生的创业能力培养提供支持，具有重要意义。

1. 鼓励家长参与创业教育

学校可以鼓励家长参与学生的创业教育活动，如提供创业项目的意见和建议，为学生提供创业资源和支持，或者提供实践经验和指导等，帮助学生更好地了解创业行业和市场。

2.建立家长创业志愿者队伍

学校可以建立家长志愿者队伍，招募有创业经验或资源的家长为学生创业实践提供指导和支持，为学生的创业教育提供更加广泛和深入的支持。

加强与家长的沟通和合作，需要注意以下几点：第一，与家长进行充分的沟通和交流，听取家长的意见和建议，不断完善和优化创业教育的内容和方式；第二，在沟通中强调创业教育的重要性和意义，让家长了解创业教育对学生未来职业发展的重要性和价值；第三，帮助家长了解创业教育的具体实践和成果，让他们对学生的创业能力培养有更加直观的了解和认识。

（九）丰富校园创业教育文化

学校可以通过举办创业大赛、创业交流等活动，宣传和推广创业教育，提高学生、家长和社会对创业教育的认识和支持。

随着经济的发展和社会的变迁，创业教育逐渐成为教育领域的重要课题。在许多国家和地区，创业教育已经被纳入教育体系，成为学生必修的一门课程。创业教育的目的是培育学生的创新思维、创业精神和创业能力，使其在未来能够为社会和经济发展做贡献。然而，由于创业教育的特殊性质，许多学生和家长对它的认识还不够深入和全面，需要通过各种途径来加强推广和宣传。

创业大赛是创业教育的"试金石"，它可以激发学生的创业热情，提高学生的实践能力和创业经验。在创业大赛中，学生们可以根据自己的兴趣和特长，选择自己擅长的领域进行创业，并在比赛中得到专业人士的评判和指导。创业大赛不仅可以帮助学生们积累创业经验，还可以让他们在竞争中学会如何面对挑战和压力，提高学生的领导能力和团队协作能力。此外，创业大赛还可以将学生的优秀项目推荐给投资人和创业公司，为学生未来的职业发展提供更多的机会和选择。

创业交流是创业教育的延伸，它可以为学生们提供与成功创业者和投资人面对面交流的机会，帮助学生了解他们的创业经历和成功之道。通过参加创业论坛，学生们可以了解当前市场的状况和趋势，掌握创业的最新知识和技巧，提高自己的判断力和决策能力。创业论坛还可以帮助学生们建立自己的社交圈，结识志同道合的人，为其将来的创业之路奠定基础。除创业交流之外，学校还可以通过组织各种创业课程、讲座和研讨会来推广创业教育。这些活动可以让学生们了解创业的基本知识和技巧，培养他们的创新思维。

此外，学校通过各种社交媒体平台和在线教育平台，也可以将创业教育的内容和知识向更广泛的受众传播。这些平台可以让学生们随时随地学习和了解创业知识，提高他们的创新能力。同时，社交媒体平台还可以让学生们分享自己的创业经验和创业想法，与其他创业者互动和交流，形成良好的创业氛围和文化。

学校通过举办创业大赛、交流等活动，组织讲座和研讨会，利用社交媒体平台和在线教育平台等手段，可以有效地推广和宣传创业教育，提高学生、家长和社会对创业教育的认识和支持，为培养更多优秀的创业人才奠定坚实的基础。

三、创业教育课程的实施建议

创业教育课程的实施对于培养学生的创业精神和创新思维具有重要作用。随着创业热潮的兴起，越来越多的学校和机构开始开设创业教育课程，帮助学生掌握创业的核心知识和技能。然而，要让创业教育课程真正发挥作用，需要考虑多方面的因素，包括教学内容、教学方法、师资队伍、课程评价等。因此，本部分将从这些方面给出一些实施创业教育课程的建议，以期对相关教育工作者和学生有所启示。优化创业教育课程可以采取以下举措。

（一）鼓励学生主动参与课程设计和教学活动

让学生参与课程设计、教学活动的策划和组织，增强他们的责任感和参与度。这可以提高学生的责任感和参与度。

首先，让学生参与课程设计，可以充分发挥他们的创新力和创造力。在创业教育课程的设计中，学生可以提出自己的想法和建议，从而使课程内容更加贴近学生的实际需求和兴趣。此外，学生还可以为课程设计出独特的教学方式和活动，以促进课程的互动和参与度。这样，学生在参与课程设计的过程中，不仅可以提高自己的创新能力，也能够更好地学习和理解创业知识。

其次，让学生参与教学活动的策划和组织，可以增强他们的责任感和自我管理能力。在课程教学中，学生可以通过组织和策划各种教学活动，如讲座、比赛、展示等，来展示自己的创业想法和实践经验。这样，学生不仅可以通过活动的组织和策划，锻炼自己的团队合作能力和组织管理能力，还能够在活动中与同学和行业人士交流，积累实际经验。

最后，让学生参与课程设计、教学活动的策划和组织，可以增强他们的参与度和学习动力。在课程中，学生作为设计者和组织者，会更加主动地参与到课程中来，从而更好地理解和吸收所学知识。此外，学生在参与课程设计和教学活动的过程中，还能够与行业人士和创业导师建立联系，扩展自己的人际网络，提高自己的创业竞争力。

让学生参与创业教育课程的设计、教学活动的策划和组织，可以提高他们的责任感和参与度，增强学生的学习动力和创业竞争力。因此，创业教育课程的实施应该给予学生更多的自主权和参与度，让他们成为课程的主角和实践者。

（二）定期对课程进行评估和调整

根据学生的反馈和教学效果，定期对课程内容、教学方法和评价体系进行评估和调整，以保持课程的针对性和实效性。对于创业教育课程的实施，学校定期对课程内容、教学方法和评价体系进行评估和调整，是非常重要的。只有通过评估和调整，才能不断提高课程的针对性和实效性，满足学生的需求，适应市场变化，进而实现教学目标，其主要包括以下方面。

首先，定期评估和课程内容调整，可以保证课程具针对性。随着市场和技术的不断变化，创业教育课程的内容也需要不断更新和调整，以使其更好地适应市场需求、契合学生的兴趣。定期评估课程内容可以让教育者了解学生的需求和关注点，从而更新或添加课程内容，增强课程的实用性和实效性。

其次，定期评估和调整教学方法，可以提高教学效果。不同的学生有着不同的学习习惯和学习方式，因而课程的教学方法也需要不断地进行调整。定期评估教学方法可以让教育者了解学生的学习效果，从而有针对性地调整教学方式，使学生更容易理解和掌握课程内容。

最后，定期评估和调整评价体系，可以提高课程的实效性。评价体系是衡量课程效果的重要标准之一，而且不断完善和调整评价体系，可以使学生更全面地了解自己在创业教育课程中的表现和进步。此外，教育者可以通过评价体系的调整，更好地了解学生的学习效果和需求，以调整教学内容和教学方法。

定期评估和调整创业教育课程的内容、教学方法和评价体系，对于提高课程的针对性和实效性非常重要。因此，在创业教育课程的实施过程中，应用型高校应该建立完善的评估和调整机制，根据学生的反馈和教学效果，不断完善和调整课程内容、教学方法和评价体系，以提高课程的实用性和实效性。

（三）加强对外交流与合作

应用型高校应与外界的创业教育机构和专家进行交流与合作，引进先进的理念和方法，提高课程的科学化水平。随着全球化进程的推进和互联网的发展，创业教育逐渐成为世界范围内的热门话题。越来越多的国家和地区开始注重创业教育的发展，为学生开设更加全面、实用、先进的创业教育课程。

首先，与国际上的创业教育机构和专家进行交流与合作，可以让我们更好地了解全球范围内的创业教育发展现状和趋势。通过与国际上的创业教育机构和专家进行交流，我们可以了解不同国家和地区的创业教育在课程设置、教学模式、实践环节等方面的差异和优势，可以借鉴和吸收其他国家的先进经验和教学模式，以便更好地服务于学生的创业教育。

其次，与国际上的创业教育机构和专家进行交流与合作，可以为创业教育课程注入更多的国际元素和国际化视野。同时，我们可以引进更多的国际化案例、经验和理念，帮助学生更好地了解国际市场和国际化经营。

最后，与国际上的创业教育机构和专家进行交流与合作，可以提高创业教育课程的教学质量、强化教学效果。国际上的创业教育机构和专家往往具有丰富的实践经验和先进的教学方法，他们的教学理念和方法可以助力我们更好地培养学生的创新创业能力。同时，与国际上的创业教育机构和专家进行交流与合作，还可以促进教师间的交流与合作，提高教师的教学水平和专业素养，从而更好地服务于学生。

与国际上的创业教育机构和专家进行交流与合作，对于提高创业教育课程的国际化水平、提升学生的创业能力、促进教师的教学水平和专业素养的提升都具有非常重要的意义。在具体实践中，我们可以通过以下几种方式来与国际上的创业教育机构和专家进行交流与合作：第一，参加国际性的创业教育会议和论坛，与国际上的创业教育机构和专家进行面对面的交流和合作；第二，邀请国际上的创业教育专家来校举办讲座和交流会，让学生和教师有机会了解和学习国际上的先进理念和方法；第三，加强在线交流与合作，利用互联网等技术手段，与国际上的创业教育机构和专家进行线上交流和合作，共同开展创业教育课程建设和教学研究；第四，建立国际性的创业教育合作项目，与国际上的创业教育机构和专家合作，开展创业教育实践和研究，为学生开设更加全面、实用、先进的创业教育课程。

总之，与国际上的创业教育机构和专家进行交流与合作，是提高我国应用型高校创业教育水平、促进学生创业能力和教师教学素养提升的重要途径，也是创业教育国际化发展的必由之路。

（四）提供个性化的创业指导

根据学生的兴趣、特长和创业方向，提供个性化的创业指导，帮助他们找到合适的创业项目和发展路径。个性化的创业指导是一种帮助学生充分发挥自己的兴趣、特长和优势，从而实现自身创业梦想的方式。这种指导方法将学生作为一个独立的个体看待，充分考虑他们的背景、需求和目标，并为其提供相关的建议和资源，使他们更加成功地实现自己的创业计划，其主要思路有以下方面。

1.兴趣与特长的发掘

学生的兴趣和特长是个性化创业指导的重要基础。指导者可以通过与学生交流和问卷调查等方式，深入了解他们的兴趣和特长，找到他们身上与创业相关的优势项。例如，一个对环保感兴趣的学生可以考虑创建一个可持续发展的环保公司，一个具有设计才能的学生可以开发创意产品或提供设计服务等。

2.创业方向的确定

基于学生的兴趣和特长，指导者可以帮助学生确定最合适的创业方向。在确定创业方向时，指导者应该综合考虑学生的兴趣、市场需求、可行性、盈利模式等因素。例如，如果学生对美食感兴趣，可以帮助他们研究当地市场需求，探索开餐厅、销售食品等方向。

3.发展路径的规划

确定了创业方向后，指导者应该帮助学生开辟发展路径，并为其提供相关的资源和支持。发展路径可以包括产品开发、市场营销、融资等方面。指导者可以帮助学生识别潜在的合作伙伴、投资者或导师，为其提供创业计划书撰写指导、融资协助等。

4.创业经验的分享

指导者可以通过分享自己或其他成功创业者的经验，帮助学生更好地理解创业过程中的挑战和机遇。这种经验分享可以通过个人讲述、在线研讨会或课程等形式开展，让学生能够从其他人的经验中学到更多的知识和技能。

个性化的创业指导可以帮助学生更好地了解自己、发掘潜力，并为其提供切实可行的创业建议和支持。这种指导方法可以促进学生在创业过程中更好地发挥自己的优势，提高其成功的概率。同时，个性化的创业指导还可以帮助学生树立自信心，更好地面对创业过程中的困难和挫折。因此，高校和创业机构应该加强对学生的个性化创业指导，帮助更多的学生实现自己的创业梦想。另外，个性化的创业指导也需要不断更新和改进，以适应不断变化的市场需求和技术趋势。指导者应该密切关注市场变化和新技术的出现，及时为学生提供最新的创业建议和支持，使其在创业过程中始终保持竞争优势。

最后，个性化的创业指导需要建立有效的反馈机制，以了解学生的创业进展并为其提供及时的支持。指导者应该与学生保持密切的联系，帮助他们解决创业过程中遇到的问题，并及时调整创业计划。只有建立有效的反馈机制，确保个性化的创业指导真正起作用，才能帮助学生成功地实现自己的创业梦想。

（五）定期举办创业沙龙和讲座

创业沙龙和讲座是创业教育的"第二课堂"，定期邀请创业成功的校友和企业家分享经验，是一种帮助学生拓宽视野、了解实际创业情况的有效方式。通过听取成功者的故事，学生可以更好地了解创业过程中的挑战和机遇，并从中吸取宝贵的经验和教训其主要优势在于以下方面。

1. 拓宽视野

邀请创业成功的校友和企业家分享经验可以帮助学生了解到更多的创业故事和行业动态。成功者的经验可以让学生更好地理解创业过程中的挑战和机遇，并为他们提供新的思路和灵感。此外，通过听取成功者的经验，学生还可以了解到不同地区和行业的创业环境和文化，进一步拓宽他们的视野。

2. 吸取经验教训

成功者的经验不仅可以帮助学生拓宽视野，还可以让他们更好地了解创业过程中的挑战和机遇。成功者分享的经验教训可以让学生更好地了解创业过程中失败的原因，学习如何应对创业中的各种问题。此外，成功者分享的经验教训也可以帮助学生更好地规划自己的创业道路，减少错误决策和损失。

3. 建立联系和合作

邀请创业成功的校友和企业家分享经验还可以帮助学生与其建立联系和合作。通过与成功者的交流，学生可以与其建立联系和合作，寻找合适的合作伙伴、投资者或导师。此外，成功者分享的经验还可以帮助学生了解行业内的资源和机会，进一步扩大他们的合作网络和资源。

高校和创业机构应该经常组织这种经验分享活动，助力他们更好地实现自己的创业梦想。同时，成功者也应该积极参与这种经验分享，为学生提供支持和指导，促进创业发展。

（六）建立校友创业导师制度

鼓励创业成功的校友担任创业导师，为在校学生提供创业指导、实习机会和资源支持，促进学生创业发展。创业导师作为成功的创业者，拥有丰富的创业经验和资源，可以为学生提供创业指导、提供实习机会、提供融资支持，帮助他们规划创业道路等，从而帮助学生更好地实现自己的创业梦想。校友创业导师可以开展以下活动。

1.提供创业指导

创业导师可以通过面对面或在线交流的方式，为学生提供创业指导，帮助他们了解创业过程中的挑战和机遇，指导他们如何规划创业道路和制订创业计划。此外，创业导师还可以帮助学生发掘自身的潜力和优势，与其分享创业相关的知识和技能。

2.提供实习机会

创业导师可以为学生提供实习机会，让他们了解创业公司的运营和管理，学习如何应对实际的工作挑战。此外，实习还可以帮助学生建立与行业内人士的联系，了解行业内的最新动态和趋势，从而为自己的创业发展提供更多的灵感和思路。

3.提供资源支持

创业导师可以为学生提供资源支持，包括提供创业资金、提供办公场地、提供创业工具和技术等。这些资源可以帮助学生更好地实现自己的创业计划，提高他们的创业成功率。

4.帮助学生获得融资支持

创业导师可以帮助学生获得融资支持，包括帮助学生撰写创业计划书、为学生介绍投资人或提供自己的投资支持等。这种融资支持可以帮助学生获得更多的资金支持，助力其创业梦想的实现。

高校和创业机构应该加强与校友的联系，并建立有效的导师资源库，为学生积累更多的创业导师资源，同时加强对导师的培训和指导力度，提高他们的指导能力和水平。学生也应该积极寻找和联系创业导师，向他们请教、寻求帮助，与其建立联系和合作，从而提高自身创业成功率。

通过上述建议的实施，创业教育课程的实施方案可以更加完善，为学生提供更好的创业教育，培养具备创新精神和实践能力的人才，为社会发展和人类进步做出贡献。

第三节 创业课程教学的质量保障体系建设

应用型本科高校创新创业教育质量保障体系的构建，既是高等教育转型发展的新任务，也是聚焦"五育"融合创新创业教育实践背景下高校创新创业教育的重要任务。

创业课程教学的质量保障体系建设是创业教育的重要组成部分，它涉及教学内容的质量、教师的教学水平、教学资源的充足性及学生的学习效果等多方面。一个有效的质量保障体系可以帮助高校提升创业教育的教学质量，确保学生获得具实践性的知识和技能，从而更好地推动他们进入创业领域。建立有效的质量监控体系是保障应用型高校创新创业教育质量的关键。本节探索总结了"一三四五"创新创业教育质量保障体系，从多维度进行"双创"教育质量保障体系的构建。

一、教育质量保障体系概述

教育质量保障体系是一种旨在确保学生在学校获得高质量教育的系统，它涵盖了多种教育要素，包括教学方法、课程设置、学校管理、师资队伍建设、学生评估等。该体系旨在确保学生在学校接受的教育能够满足他们的学习需求和未来职业发展的需要，同时也能够让学生获得全面的素质提升，其主要包括以下方面。

（一）教学质量评估

教学质量评估是完善教育质量保障体系的一项重要手段，它是通过对教学过程和教学成果进行系统性、科学性、客观性的评估，发现并解决教育教学问题，提升教育教学质量的一种有效方式。

教学质量评估主要是对教学设计、教学实施、学生学习效果等方面的评估。评估教学设计时，需要评估教学目标的明确性、教学方法的科学性、课程设置的适宜性等；评估教学实施时，需要评估教师的教学能力，教学过程中的管理、组织、控制等方面；评估学生学习效果时，需要评估学生对知识的掌握程度、学习态度、能力提升等方面。

教学质量评估对于教育教学质量的提升起到了重要的促进作用。借助评估结果，我们可以及时发现教学中存在的问题，提出改进方案，促进教师的职业发展，提高教师教学水平，同时也可以帮助学生全面、准确地掌握知识，强化学生的学习效果，提高学生的综合素质，让学生更好地适应未来的职业发展和社会生活。

教学质量评估应注重科学性和客观性。评估应该基于科学的评估标准和方法，以确保评估结果的客观性和可靠性。同时，评估结果应该得到教育教学主管部门和广大师生的认可和支持，以推动教育教学质量的不断提升。

（二）课程设置

课程设置是教育质量保障体系中的关键要素之一。它是指学校根据学生的学习需求和未来职业发展需求，设置符合实际情况的课程，以确保学生能够习得全面的知识和技能。在课程设置中，学校需要考虑学科的综合性、全面性和深入性，既要注重理论知识的传授，也要注重实践技能的培养。

首先，课程设置需要充分考虑学生的学习需求。学生的学习需求是指学生在不同阶段的知识和技能需求，这与学生的个性、兴趣、能力和未来职业发展有关。因此，学校应该根据学生的特点和需求，设置具有针对性的课程，以满足学生的学习需求。

其次，课程设置需要充分考虑学生未来的职业发展需求。随着社会的发展和变化，未来职业市场对人才的需求也在不断变化。因此，学校应该根据未来职业市场的需求，设置具有前瞻性的课程，以确保学生能够掌握未来职业所需的知识和技能。

再次，课程设置需要注重学科的综合性、全面性和深入性。学科的综合性是指各学科之间相互关联；全面性是指涵盖各个方面知识和技能；深入性是指深入挖掘学科内部的知识和技能。因此，课程设置需要综合考虑学科的不同特点，使学生能够掌握全面、综合、深入的知识和技能。

最后，课程设置需要注重实践教学的开展。实践教学是指通过实践活动来培养学生的实践能力和技能。在课程设置中，学校需要将实践教学与理论教学相结合，使学生能够在实践中巩固和应用所学知识和技能。

除了考虑课程设置的内容和方向，学校还需要考虑如何开展课程实施和评估。在课程实施过程中，学校需要关注教学方法的优化和教师专业能力的培养。合理使用现代化教学技术，强化教学效果、提高教学质量；加强教学培训力度，提高教师的专业能力和教学水平，进而保证课程的有效实施。

课程评估也是课程设置的一个重要组成部分。学校可以通过定期的课程评估，了解课程设置的实际效果，及时发现并解决问题，为后续课程设置的优化提供依据。在课程评估中，学校可以采用多种方法和手段，如教学观察、学生问卷调查、教师评估和学生作业评估等，综合评价课程的实施效果和学生的学习成果。

对于学校来说，课程设置也是不断创新的过程，需要根据社会的变化和学生的需求不断调整和优化课程设置，以保持教育的前沿性和可持续性。

（三）学生评估

学生评估是教育质量保障体系中的又一个重要因素。通过学生评估，学校可以了解学生的学习状况和存在的问题，从而调整教学策略，强化学生的学习效果。学生评估可以从多方面进行，如学生学习成绩、学生参与度、学生课堂表现、学生的反馈意见等方面。

首先，学生学习成绩是学生评估的一个重要指标。学校可以通过定期的考试和留作业等方式，对学生的学习成果进行评估，以了解学生的学习水平和学习能力。同时，学校还可以通过分析学生的考试成绩，找出学生存在的问题和薄弱环节，并采取具针对性的教学策略和方法，帮助学生提升学习成绩。

其次，学生参与度也是学生评估的一个重要指标。学校可以通过观察学生在课堂上的表现，评估学生的参与度和主动性。通过了解学生的参与度，学校可以判断教学质量的高低，进而改进教学方法，提高学生的参与度和学习兴趣。

再次，学生课堂表现也是学生评估的一个重要指标。学校可以通过观察学生的课堂表现，了解学生的学习状况和存在的问题。比如，教师可以通过观察学生的课堂专注度、课堂笔记和课堂互动情况等，评估学生的课堂表现，及时发现学生的问题，并给予具针对性的指导和帮助。

最后，学生的反馈意见也是学生评估的一个重要方面。学生可以通过填写问卷、参加讨论、发表意见等方式，对教学质量和课程设置等方面进行评价和反馈。

通过学生的反馈意见，学校可以了解学生的需求和存在的问题，及时调整教学策略和课程设置，提高教学质量和学生满意度。

学校须重视学生评估，并采用多种方式进行评估，以实现教育教学质量的全面提升和优化。

此外，学生评估还可以提高学生的参与度和自我认知能力，促进学生的自我管理和自我评估。因此，学生评估是教育质量保障体系中不可或缺的一个重要环节。

（四）师资队伍建设

教师是教育质量的重要保障和决定因素。教师的专业能力和教学水平直接关系着学生的学习效果和教育质量。因此，学校应该注重师资队伍建设，积极开展教师培训和评估工作，建立健全的教师职业发展机制，以提高教师的教学水平和专业能力，从而保证教育质量的提高。

首先，学校应该积极开展教师培训。教师培训是提高教师专业能力和教学水平的重要途径。学校可以根据教师的实际需求和课程设置，定期开展教师培训活动，如教学理论研讨、教学方法培训、教学技能提升等。培训可以帮助教师更新教学理念，提升教学能力和专业水平，进而提高教育质量。

其次，学校应该建立健全的教师评估机制。教师评估是教师职业发展和教学质量保障的重要因素。学校可以通过学生评估、同行评估、教学督导等方式进行教师评估。评估结果可以为学校衡量教师的能力和教学质量提供参考，为教师的发展和能力提升提供指导和建议，从而不断提高教师的教学水平和专业能力。

最后，学校应该建立健全的教师职业发展机制。教师职业发展机制是激励教师积极投身教学和提高教学质量的重要手段。学校可以根据教师的工作表现和职业发展需求，制定相应的职业晋升和激励机制，如职称晋升、工资待遇、奖励荣誉等，从而激发教师的积极性和创造力，提高教育质量。

此外，学校还应该注重教师的职业发展，建立健全的教师评价机制，为教师提供更好的职业发展环境。教师的专业发展和职业晋升，可以激发教师的工作热情和积极性，进一步提升教育质量。

在教师评价方面，学校可以采用多种方式，如教学观察、学生评价、同行评价等，对教师的教学能力、专业水平和教育教学质量进行综合评价。评价结果可以作为教师职业发展的依据，同时还可制订相应的培训和提升计划，帮助教师不断提高自身的专业水平和教学能力。

建立完善的师资队伍和教师评价机制是教育质量保障体系中的重要因素。学校应该注重教师的职业发展，提高教师的教学水平和专业能力，从而推动教育质量的不断提高。

（五）学校管理

学校管理是教育质量保障体系中的基础要素，它直接关系着学校教育质量的稳步提高。学校应该建立健全的管理机制，包括规章制度、管理制度、资源配置等方面，以确保教育质量的持续提高。

首先，学校应该建立规章制度，明确学校的组织架构、管理职责、工作流程、教学标准等，确保学校各项管理工作有章可循。规章制度的制定应该参照国家相关法律法规和教育部门的规定，根据学校实际情况制定。

其次，学校应该落实各项管理制度，包括人事管理、财务管理、安全管理等方面。人事管理方面，学校应该建立健全的教职工管理制度，包括招聘、考核、聘用、晋升、培训等方面；财务管理方面，学校应该建立健全的财务管理制度，包括财务预算、审批、核算、监督等方面；安全管理方面，学校应该建立健全的安全管理制度，包括校园安全、食品安全、交通安全等方面。

最后，学校应该加强教育资源的配置，包括教学设施、师资队伍、教育技术等方面。教学设施方面，学校应该制定健全的教学设施配置标准，保证教学设施的数量和质量达到一定标准；师资队伍方面，学校应该注重招聘优秀教师，加强对教师的培训和评价，不断提高师资队伍的素质；教育技术方面，学校应该积极推广教育技术，加强对教育信息化的建设和管理，提高教育教学质量。

在现代社会中，教育质量保障是至关重要的。教育质量保障体系是确保学生能够获得高质量教育的基础和关键。学校应该通过课程设置、教学质量评估、学生评估、师资队伍建设、学校管理等多方面的努力，建立起完整的教育质量保障体系。这将有助于学校提高教育质量，培养具备创新能力和实践能力的优秀人才，推动社会经济发展和文化进步。

二、应用型高校创业教育质量保障体系建设路径

应用型高校的创业教育是培养创新创业人才的重要途径。创业教育质量的高低直接影响着学生的创业能力和创业成功率。因此，建立高质量的创业教育质量保障

体系对于应用型高校而言是至关重要的。本部分将阐述"一三四五"创新创业教育质量保障体系的具体内涵。

（一）确立"注重实践、强化应用"的双创人才培养核心

"注重实践、强化应用"是应用型高校创业教育质量保障体系的核心。这意味着在创业教育中，应用型高校应当注重实践、重视实践、强化实践，并且将实践与理论相结合，培养学生的实际应用能力和实践创新能力。

首先，应用型高校应当在创业教育中增设实践环节，为学生提供更多的实践机会。这些实践机会可以包括创业实践课程、实习实践、创业比赛、企业合作等形式。通过实践，学生可以在真实的创业环境中接触不同的问题和挑战，并且通过实践不断探索和总结，从而提升自己的实践能力。

其次，应用型高校应当将实践与理论相结合，使学生在实践中理解并运用所学理论知识。在创业教育中，学生应当努力学习创业理论、管理知识等基础知识，并且能够在实践中运用这些知识解决实际问题。这样可以更好地培养学生的应用能力和实践创新能力。

最后，应用型高校应当强化实践教学的评估机制，对学生的实践成果进行评估和反馈。这样可以帮助学生不断提升自己的实践能力，并且通过实践教学的不断改进，提高创业教育的质量。

（二）形成"双创"教学质量目标管理、"双创"教学质量监控和"双创"教学质量评估改进三大质量控制系统

应用型高校创业教育质量保障体系的建设需要依靠科学的管理机制和规范的流程，通过建立"双创"教学质量目标管理、"双创"教学质量监控和"双创"教学质量评估改进三大质量控制系统，不断完善教学质量保障体系，提高学校的创业教育质量和应用型人才培养水平。

第一，"双创"教学质量目标管理系统。该系统需要确立应用型高校创业教育的核心目标和细化目标指标，明确各项指标的重要性和权重，以及制定目标达成的时间表和计划。该系统应该建立在学校整体教学质量保障体系的基础上，既要考虑创业教育的特点，也要与学校整体教学目标相衔接。

第二，"双创"教学质量监控系统。该系统需要在教学过程中建立一套实时监控机制，对师生双方的教学活动和教学质量进行监控、评估和反馈，及时发现问题并采取相应的措施。该系统可以通过建立课堂观察、学生反馈、教师互评等多种评

估机制来实现。

第三，"双创"教学质量评估改进系统。该系统需要通过对教学质量的定量和定性评估，对教学过程和教学成果进行全面分析和评估，以期发现问题并确定改进措施。评估结果应该及时反馈给教师和学生，同时学校根据反馈结果对教学过程进行调整。

在应用型高校中，创业教育的质量保障体系的建设对于培养优秀的"双创"人才具有重要的意义。"双创"教学质量目标管理、"双创"教学质量监控和"双创"教学质量评估改进三大质量控制系统的形成，有利于更加有效地实现创业教育的目标，提升学生的创业能力和创新素质，为应用型高校的发展和社会的进步做出贡献。

（三）配套学校思想保障、创新创业中心（学院）组织保障、创新创业教育教学制度保障、学校创新创业教育资源保障四大保障系统

在应用型高校中，创新创业教育的发展需要多方面的保障和支持。为此，学校应该建立起配套的思想保障、创新创业中心（学院）组织保障、创新创业教育教学制度保障、学校创新创业教育资源保障四大保障系统，以确保创业教育的有效开展和教学质量的提升。

第一，思想保障是创新创业教育保障体系的核心。学校应该通过宣传教育、专题研讨、社会实践等多种途径，加强对学生创业意识、创新精神和创业素质的培养和引导，营造良好的创业氛围和创新文化，促进学生创新创业思想的形成和发展。

第二，创新创业中心（学院）组织保障是创业教育保障体系的重要组成部分。学校应该建立健全的创新创业中心（学院）的组织机构和管理制度，配备专业的管理人员和指导教师，制定创业教育的教学计划、明确实践项目，推动创业教育有序开展。

第三，创新创业教育教学制度保障是创业教育保障体系的重要保障措施。学校应建立健全的创新创业教育教学管理制度，包括制定相关课程的教学大纲、编写教材，明确教学目标、课程设置、教学方法和评价标准等，以确保教学质量。同时，学校还应鼓励教师参与创新创业教育教学改革和实践，提升教师的教学能力和专业水平。

第四，学校创新创业教育资源保障是创业教育保障体系的基础。学校应积极争取和配置创新创业教育资源，包括创业实践基地、创新创业项目资金、创业导师团

队等，为学生提供多样化的创新创业教育资源，促进学生的全面发展和创业能力提升。

学校应全面推进创新创业教育质量保障体系建设，努力打造高水平、有特色的创新创业教育品牌，培养更多的创新创业人才，为国家和社会的发展做出更大的贡献。

（四）建立有效的质量监控体系是保障应用型高校创业创新教育质量的关键

对于应用型高校创业教育质量保障体系来说，对学生、教师、教学、课程及毕业生五大模块进行监控与调研非常重要。学校应该建立有效的监控和反馈机制，对这些关键模块的质量进行定期的评估和检查，并及时予以改进。

第一，对学生进行监控和调研。学校应该密切关注学生的创新创业意识和实践能力，并建立有效的学生评价机制，了解学生的需求和意见。这些意见可以源于学生的自我评价、学业成绩、课程反馈、社会实践和创新创业活动等方面。学校应该根据这些反馈信息，及时对各方面进行调整和改进，以满足学生的需求，提高学生的综合素质。

第二，对教师进行监控和调研。学校应该对教师的教学水平、创新创业意识和实践能力进行监控和评估，并建立完善的教师评价机制。这些评价可以源于学生评价、同行评价、领导评价、自我评价等方面。学校应该根据这些评价，及时为教师提供专业的培训和支持，以提高他们的教学水平和能力。

第三，对教学进行监控和评估。学校应该建立完善的教学评估体系，对教学质量进行全面、客观、科学的监控和评估。评估结果包括学生对课程内容、教学方法和教学效果的反馈，以及课程的学习效果和成果等方面。学校应该根据这些反馈信息，及时调整教学计划和教学方法，以强化教学效果。

第四，对课程进行监控和评价。学校应该建立完善的课程评价机制，及时了解课程的质量和效果，并对课程进行优化和改进。课程评价包括学生的反馈、教师的评价和教学效果等方面。学校应该根据这些评价结果，及时调整课程内容、修订和教材，以适应学生和社会的需求。

第五，学校应该密切关注毕业生的就业和创业情况，并及时收集他们的反馈信息。毕业生的就业和创业是创新创业教育最终的目标和评价标准，因而学校应该通过多种方式对毕业生进行监控，了解他们在就业和创业方面的表现和需要改进的地方。学校可以通过定期与毕业生进行交流，了解他们在就业和创业过程中的困难和挑战，帮助他们解决问题，并收集他们对学校创新创业教育的反馈和建议。学校还可以建立毕业生跟踪系统，对毕业生的就业和创业情况进行长期跟踪和分析，了解毕业生的职业发展和创业情况，并及时对教育教学改进措施进行调整和优化。

通过对毕业生的监控，学校可以更好地了解自身创新创业教育的优势和不足，及时发现问题并采取改进措施，同时加强与毕业生的联系和交流，为学生的职业发展和创业提供更好的支持和保障。

除了反馈改进机制，还需要建立健全的信息管理系统，对创新创业教育相关数据进行收集和分析。学校应该建立相应的信息管理系统，实现对学生、教师、教学、课程及毕业生五大模块的数据收集和整合，以便对创新创业教育的质量进行评估。同时，这些数据还可以用作制定教育政策和决策的参考信息，为学校提供科学的数据支持。

此外，学校还需要加强与企业、行业和社会的合作，建立实践基地和实践平台，为学生提供实践机会，增强他们的实践能力和创新能力。学校可以与企业合作，共同开展实践项目和科研项目，以此促进学生实践能力和创新能力的提升。

应用型高校需要通过明确培养目标，建立质量控制系统，加强师资队伍建设，建立信息管理系统，加强与企业、行业和社会的合作等多方面的努力，建设创业教育质量保障体系，不断提升创新创业教育的质量，为学生创新创业能力的培养提供更好的保障。

第四章

应用型高校创业教育实践教学体系的构建

应用型高校以服务地方为主要宗旨，为中国经济的快速发展提供智力保障和人才支持，为推进中国高等教育向大众化发展做出了积极贡献。应用型高校创业教育的核心是培养具有创新创业素养和较强实践能力的应用型人才，而构建实践教学体系是应用型高校发展创新创业教育的主要举措。应用型高校构建创新创业实践教学体系是巩固与深化学生在课堂上所学理论知识的有效途径，也是培养人才创新精神和创业能力的重要举措。

第一节　应用型高校创业教育实践教学的重要性和目标

应用型高校创业教育在培养创新创业人才和推动社会经济发展方面具有重要的意义和作用。而开展实践教学能够帮助学生获得创业所需的知识、技能和经验，培养其创业意识和实际应用能力。创业教育实践教学的目标是让学生具备创新思维、市场洞察力、商业能力和团队合作精神，能够应对创业过程中的挑战和变化，从而为自身的创业和职业发展打下坚实的基础。

一、应用型高校创业教育开展实践教学的重要性

创业教育是一门跨学科的实践性课程，其主要目的是培养学生的创新思维和创业能力，帮助他们将创业想法转化为创业实践。这不仅需要学生具备创业者的热情和激情，还需要他们掌握扎实的社会科学基础知识和实践技能。从某种程度上讲，真正的创业不是一蹴而就的，而是需要大量的实践和摸索，只有在实践中不断探索和学习，才能取得真正的成功。

在创业教育的培训体系中，最能够体现其本质和特点的是实践教学模块。这个模块能够帮助学生将理论知识与实际情况联系起来，培养学生踏实的工作态度，提高其动手能力等重要能力。

应用型高校创业教育开展实践教学的重要性体现在以下方面。

（一）培养创新创业人才

实践教学在应用型高校创业教育中的重要性不可忽视。它为学生提供了一个探索创新创业领域的平台，通过实际操作和实践经验，学生的创新思维得以培养。

第一，真实的创业体验。实践教学通过模拟商业环境和实际创业项目，使学生亲身体验创业的挑战。学生将面临市场竞争、资源管理、风险评估等真实问题，实践教学有助于培养他们解决问题的能力和决策能力。

第二，综合知识与技能培养。实践教学不仅注重理论知识的传授，还注重实际操作能力的培养。学生将学习市场分析、商业计划编制、融资策略制定、团队合作等技能，从而掌握创业所需的知识和手段。

第三，创新思维与创业精神培养。实践教学更要强调培养学生的创新思维和创业精神。学生将学习如何发现市场机会、提出创新的商业模式，并通过实践实现其创业理念。这种培养方式能够激发学生的创新潜力，培养他们勇于尝试、乐于创新的精神。

第四，实际应用能力培养。实践教学强调培养学生的实际应用能力。这种能力培养对于学生未来的创业和就业都具有重要意义。

（二）促进就业和就业创造

实践教学能帮助学生更好地理解和适应市场需求，提高他们的就业竞争力。同时，创业教育实践教学鼓励学生创新创业，助力他们成为自主创业者和创业团队的领导者，为社会创造更多的就业机会。

第一，适应市场需求。实践教学能够使学生更加敏锐地了解市场需求和趋势。通过接触实际市场和与企业合作，学生能够深入了解不同行业的需求，掌握市场动态和消费者行为，从而更好地适应市场变化，提高就业竞争力。

第二，培养创业创新意识。实践教学能够激发学生的创新意识和创业激情。学生能够接触不同的商业模式和创新思维，学习如何将创意转化为商业机会。这种培养方式使学生具备创新精神和创业眼光，有能力在竞争激烈的就业市场中脱颖而出。

第三，培养创业领导力。实践教学能够培养学生成为自主创业者和创业团队的领导者。学生通过参与创业项目和创业实践，学会规划和管理创业项目、与合作伙伴合作解决实际问题。这种经历有助于培养学生的领导能力和团队合作能力，为他们成为创业领域的成功者打下坚实的基础。

第四，创造更多就业机会。实践教学能够鼓励学生成为创业者，积极为社会创造就业机会。通过创业实践，学生能够识别商业机会、制订商业计划，并实施创业项目。他们的创业行动不仅为自身就业提供了路径，还可以创造更多的就业岗位，为社会经济发展做出贡献。

（三）完善创业生态系统

应用型高校创业教育实践教学与社会创新创业资源的融合对于创业者来说具有重要意义。通过与企业、投资机构、创业孵化器等社会资源的合作，创业教育能够为学生和创业者提供更多的支持。

第一，创业资源的获取。实践教学与社会创新创业资源的融合使得应用型高校能够为创业者提供更多的资源支持。合作企业和投资机构可以为创业者提供资金支持、技术支持及市场渠道等，帮助他们实现创业项目的落地和发展。创业孵化器则为创业者提供创业团队的孵化服务，提供办公空间、导师指导、创业培训等支持，使创业者在初创阶段得到全方位的支持。

第二，创业合作机会的开发。实践教学与社会创新创业资源的融合促进了校企合作、校投合作、校孵合作等创业合作机会的开发。学生和创业者可以与企业合作开展创新项目，共享企业的研发资源和市场渠道，实现技术转化和商业化应用。投资机构的参与则为创业者提供了融资和投资机会，帮助他们实现项目的规模化和快速发展。创业孵化器则为创业者提供了创业培训、导师指导、资源对接等机会，助力创业者在创业早期阶段获得更好的成长和发展。

第三，创业生态系统的形成。创业教育中的实践教学与社会创新创业资源的融合有助于形成一个完整的创业生态系统。学校作为创业教育的提供者和创业者的培养者，能够提供专业的创业教育课程教学和导师指导，帮助学生和创业者掌握创业所需的知识和技能。学校与企业、投资机构、创业孵化器等资源提供方的合作则使得学生和创业者能够在实践中获得支持和指导，促进创新创业项目的孵化和发展。这样的创业生态系统有助于激发创新创业的活力，为创业者提供更广阔的平台，加速创业项目的成长和成功。

第四，实践与应用能力的提升。实践教学与社会创新创业资源的融合使得学生和创业者能够在实际操作中提升实践与应用能力。通过与企业合作或在创业孵化器中实践，他们能够直接接触市场、了解商业运作，培养市场洞察力和解决问题的能力。同时，学校与投资机构的合作也为学生和创业者提供了融资、投资管理等方面的实践机会，帮助学生和创业者熟悉创业生态系统的运作机制。

第五，创新创业文化的培育。应用型高校创业教育实践教学与社会创新创业资源的融合有助于培育创新创业的文化氛围。合作伙伴的专业知识和经验、创业孵化器的创业文化建设等都为学生和创业者创造了一个积极、开放、创新的环境。这种文化氛围对于培养学生的创新创业精神、促进创业项目的成功至关重要。

（四）推动社会经济发展

在创业教育中，开展实践教学能够构建创业人才的创新思维，促使他们推动社会经济的发展。他们创造新产品、提供新服务，推动产业升级和技术进步，为社会经济发展注入新的动力。

第一，开展实践教学能构建学生的创新思维。通过创业课程和实践活动，学生能够接触到创新的理念和方法，了解到创新是推动社会发展的重要力量。他们学习如何提出独特的创意和解决方案，以满足市场需求，并在实践中不断调整和改进。这种创新思维的培养使得创业人才能够在竞争激烈的市场中脱颖而出，为社会经济发展带来新的想法和方法。

第二，开展实践教学能提升学生的实际操作能力。创业不仅仅是在理论上创新，更需要实际的行动。实践教学通过模拟商业操作、创办创业实训基地、开展实践项目等方式，让学生亲身参与到创业过程中，锻炼他们的实际操作能力，进而使学生学会如何制订商业计划、筹集资金、开发产品、建立合作关系、市场推广等，从而将创新的想法变成切实可行的商业实践。这种实际操作能力的培养使得创业人才能够在真实的商业环境中应对挑战，成功创业。

创业人才的培养对社会经济的创新和发展具有重要意义。他们不仅是创业者，也是产业升级和技术进步的引领者。他们通过创造新产品、提供新服务，推动行业的创新和发展。创业人才的创新思维和实际操作能力使得他们能够应对不断变化的市场需求，引领行业的发展，并为社会经济的发展注入新的动力。他们的创新成果和创业项目不仅能够带来经济效益，还能够创造就业机会，促进社会的繁荣和发展。

应用型高校创业教育实践教学的重要性不仅体现在学生个人的发展和就业方面，更涉及社会经济的进步和学生创新能力的培养。它为学生提供了全面的创业教育和实践平台，培养了学生解决问题、创造价值和推动社会发展的能力。

二、应用型高校创业教育实践教学的目标

应用型高校创业教育实践教学的目标是培养学生的创新创业能力，使他们能够在快速变化的社会和经济环境中具备竞争力和适应能力。通过结合理论知识和实际操作，以及与社会创新创业资源的融合，该教学形式旨在激发学生的创业意识、构建创业思维，并注重培养学生的实际应用能力、团队合作能力，以及创新和适应能力。

（一）培养学生的创业意识和创业思维

实践教学的目标是激发学生的创业潜能，让他们深入理解创业的本质和意义。通过创业实践，学生将学会主动观察市场、分析市场需求，发现问题和机遇，并运用创新的思维方式提出独特的解决方案。他们将通过实际操作和实践经验，构筑积极的创业心态，有效的决策能力能够使其在不确定的环境中作出明智的判断。

实践教学还致力于培养学生的创新能力。学生将学习如何思考和应用创新的理念和方法，培养自身在解决问题和开发新产品或服务时的创造力。创业教育实践教学鼓励学生在创业过程中发掘和发展自己的独特才能、创新思维，以应对日益复杂和竞争激烈的商业环境。

此外，创业教育实践教学旨在培养学生的决策能力和承担风险的勇气。学生将学会权衡利弊、分析风险，并作出适当的决策。创业教育实践教学通过模拟情境和真实案例，让学生了解并体验创业过程中可能面临的挑战和风险，并鼓励他们积极面对和克服这些困难。

（二）培养学生的实际应用能力

实践教学的重点在于将理论知识与实际操作相结合，为学生提供丰富的实践经验和实际操作的机会。通过参与创业项目、实践实训和实地考察等活动，学生能够深入了解创业过程中的具体操作步骤和实际挑战，并学会运用所学的知识和技能解决实际问题。其中，参与创业项目是一种重要的实践方式。学生可以积极参与由学校或合作企业组织的创业项目，从项目策划、商业计划制订、团队组建到市场推广等各个环节，体验创业的全过程。通过实际操作，学生能够感受到创业过程中的挑战和压力，学会分析问题、解决问题，进而形成积极的创业态度。

另外，实践实训也是实践教学中的重要环节。学生可以参与模拟商业操作、案例分析和角色扮演等实训活动，通过实际操作和模拟情境，锻炼自己的创业技能和决策能力。在实践实训中，学生能够运用所学的理论知识解决实际问题，从而提高自身的实际应用能力和解决问题的能力。

此外，实地考察也是实践教学中的重要组成部分。学生可以参观创业企业、创新园区和创业孵化器等实际场所，了解创业者的创业经验和成功案例，与实际创业者交流并借鉴他们的经验。实地考察能够帮助学生更好地了解创业的实际运作和市场环境，拓宽他们的视野，促使他们从中汲取创业灵感。

（三）培养学生的团队合作能力

团队合作和协作能力是创业教育实践教学中的重要内容，因为创业往往需要多方面资源和专业知识的整合。团队合作能力对于创业团队的成功至关重要，将为学生未来的创业实践和职业发展奠定坚实的基础。

创业教育实践教学通过各种形式的团队项目和合作实践活动，培养学生的团队合作能力。学生在团队项目中需要共同协作完成任务，学会与他人合作、沟通，分工合作，充分发挥团队成员的优势，实现共同的目标。通过团队项目的实践，学生能够了解团队合作的重要性，学会倾听他人意见、提供建设性的意见，注重培养团队合作精神，积极维系良好的人际关系。

此外，团队讨论也是实践教学中培养学生团队合作能力的重要方式。学生可以参与团队讨论，共同探讨创业案例、解决问题和制定策略。在团队讨论中，学生可以充分表达自己的观点，同时也需要倾听他人的意见和建议，通过合理的讨论和协商达成共识。团队讨论能够构建学生的批判性思维、提升团队合作能力和解决问题的能力。

合作实践也是创业教育实践教学中的重要环节。学生可以通过与企业、创业孵化器等机构合作开展实践项目，与实际创业者合作解决实际问题，学习如何与他人合作并共同追求创新和发展的目标。合作实践不仅能够提高学生的团队合作能力，还能够为学生提供与实际创业环境接触的机会，加深其对创业实践的理解和认知。

（四）培养学生的创新能力和适应能力

创业教育实践教学在培养学生的创新能力和适应能力方面起着重要的作用。在创业过程中，市场和技术环境不断变化，创业者面临着新的挑战和机遇。因此，学生需要具备创新思维和掌握创新方法，能够灵活应对各种情况，不断寻找解决问题的新途径和新方法。

首先，实践教学注重培养学生的创新思维、激发他们的创新潜力。学生将学习如何思考并提出创新的观点、想法，发现问题并寻找解决方案。创新思维强调从不同角度思考问题，鼓励学生跳出传统的思维模式，勇于尝试新的思路和方法。通过参与案例分析、创新讨论和实践项目等活动，学生能够构建解决问题的创新思维。

其次，实践教学注重培养学生的快速学习和适应能力。在快速变化的市场环境中，学生需要不断学习并掌握新的知识、技能。创业教育实践教学通过模拟实践、实际项目和实地考察等方式，使学生接触到真实的创业环境，学习如何适应新的挑战和变化。学生需要学会主动获取信息、分析市场趋势，灵活调整创业策略和运营模式。同时，学生还需要具备学习新知识和技能的能力，不断充实自己的专业背景和实践经验。

最后，实践教学强调培养学生的实际操作能力。创新和适应能力需要在实际操作中不断锻炼和提升。学生通过参与创业项目、实践实训和实地考察等活动，将所学知识和理论应用到实际情境中。学生能够更好地理解创业过程中的挑战和机遇，不断调整和改进自己的创新策略，提高自己的创新能力和适应能力。

应用型高校创业教育实践教学的重要性不容忽视，其通过将理论知识与实际操作相结合的方式，培养学生的创新能力、团队合作能力和实际应用能力。实践教学为学生提供丰富的机会和资源，使他们能够在创业领域中探索、学习和成长；同时，能够推动学生发现问题并提出解决方案，从而推动创业项目的发展和创新成果的产生；此外，还能够培养学生快速学习和适应的能力，使其能够在不断变化的市场环境中灵活应对，持续改进和调整创业策略，保持竞争优势。

第二节　创业教育实践教学的内容和形式

应用型高校创业教育实践教学内容和形式的设计至关重要。为了培养学生创新创业的能力，应用型高校需要设计富有创意、具有启发性的实践教学内容和形式，既注重学科理论的教授，又注重实际应用能力的培养。这种教育方式不仅可以让学生在实践中学习、实践中探索，而且可以培养学生的创新能力和实际应用能力，让学生在创业创新的道路上更加如鱼得水。

一、创业教育实践教学的内容

创业教育实践教学主要包括传授相关创业知识、技能和经验等方面内容，旨在培养学生的创新创业能力，激发他们的创业潜能，并为其将来创业或就业做好充分准备。创业教育实践教学内容的设计和整合将直接影响学生的学习效果和实践能力的提升。

（一）创意创新

创意创新在创业教育实践教学中扮演着至关重要的角色。培养学生的创新思维和创新能力不仅能够促进他们成功创业，还能为社会创造更多的价值和发展机遇。

首先，创新思维的培养是创业教育实践教学的核心任务。学生只有被引导和激励，才能够跨越传统思维模式，勇于尝试新的想法和方法。通过创新思维的培养，学生能够发现和识别问题，并提供独特的解决方案，从而在竞争激烈的商业环境中脱颖而出。

其次，创新能力的培养需要结合实际的实践教学。学生应该接触真实的创业案例和实践场景，通过解决问题和应对挑战来锻炼创新能力。例如，学校可以组织学生参加创业比赛、创意设计活动或与企业合作开展创新项目，让他们在实践中运用创新思维和方法，培养其解决问题的能力和创造新价值的能力。

再次，创业教育实践教学应该为学生提供创新工具和方法的学习机会。学生需要了解和掌握各种创新工具和方法，如敏捷开发、原型制作等。这些工具和方法能够帮助学生在创业过程中系统地思考和解决问题，并加速创新产品或服务的开发。

此外，创新教育应该注重跨学科的融合和合作。创新往往涉及不同领域的知识和技能，因而学生应该被鼓励在不同学科和专业之间进行跨界合作。通过与其他专业的学生合作，学生能够吸收不同领域的思想和观点，创造出更有创新性的解决方案。

最后，创业教育实践教学应该鼓励学生在失败中学习和成长。创新往往伴随着失败和挫折，但正是通过从失败中吸取教训，学生才能够更好地改进和调整创新思路。因此，学校应该为学生提供一个安全的环境，鼓励他们尝试新的创意和创新项目，同时培养他们面对失败的勇气和心态，鼓励他们从中吸取经验教训，不断改进和提升。

创新思维和创新能力的培养不仅涉及个人层面，还需要学校提供相应的支持和资源。学校可以建立创新创业中心或实验室，为学生提供创新创业所需的物质条件和技术支持。此外，学校还可以与企业、创业园区等外部合作伙伴合作，搭建创新创业平台，为学生提供更广阔的资源和合作机会。

创意创新是应用型高校创业教育实践教学不可或缺的重要内容。通过培养学生的创新思维和创新能力，学校能够为他们开辟更广阔的发展空间，提升他们在创业和就业中的竞争力。创意创新教育需要学校提供支持和资源，并与外部合作伙伴建立合作关系，为学生创造更多的机会和平台。学校应该与时俱进，紧跟行业的发展趋势和最新的创新动态，及时更新创业教育的内容和方法，确保教学的针对性和实效性。同时，创意创新教育需要持续更新和调整，以适应不断变化的创新环境和需求。

（二）创业思维

使学生具备创业意识和创业思维是应用型高校创业教育实践的重要任务。创业意识是指学生对创业活动的认知和认同，以及对创新和风险承受能力的意识和态度。创业思维是指学生具备创新思维、独立思考和问题解决的能力，能够从商业角度审视和分析问题，并能够将创新想法转化为商业机会。

首先，培养学生创业意识的关键在于激发他们对创业的兴趣和热情。学校可以通过组织创业讲座、实施创业导师制度、开展校园创业活动等方式，让学生接触成功的创业者，了解他们的创业故事和经验，激发学生对创业的向往和追求。

其次，学生需要了解创业的基本概念和流程。学校可以开设创业导论课程，向学生介绍创业的基本理论和实践知识，包括市场调研、商业计划书撰写、团队建设等内容。通过系统地学习，学生能够对创业过程有一个全面的了解，为将来的创业实践打下坚实的基础。

再次，学生还需要学习如何分析和评估商业模式。商业模式是创业成功的关键要素之一，学生应该学习如何分析市场需求和竞争环境，如何评估商业模式的可行性和可持续性。学校可以组织案例研究、商业模式设计比赛等活动，让学生运用所学知识进行实践，锻炼他们的商业分析和评估能力。

最后，创业教育实践教学还应注重培养学生在创业过程中对重要策略和技巧的应用能力。学生应该学习如何制订切实可行的创业计划和发展策略，如何管理和领导创业团队，以及如何有效利用资源和解决问题。学校可以引入实践教学和团队项目，让学生在真实的创业环境中锻炼，以及应用所学的策略和技巧。

（三）市场营销

市场营销意识和实践能力的培养是创业教育实践教学的重要内容。在现代商业环境中，市场营销是企业成功的关键因素之一，因而掌握市场营销的基本原理和方法对于学生在创业或就业中具备竞争优势至关重要。

首先，学生应该了解市场营销的基本原理和概念。这包括市场需求与供给、市场细分与定位、目标市场选择、竞争分析、产品定价、渠道管理、品牌建设等方面的知识。通过系统学习这些基本原理，学生能够建立对市场营销的基本认知和理解的架构。

其次，学生需要学习市场营销的实践技能。这包括市场调研与分析、市场定位与目标客户分析、产品设计与定价策略制定、渠道选择与管理、销售促进与推广策略等方面的技能。通过实际案例分析和模拟实践，学生可以运用市场营销工具和方法，培养自身的市场洞察力、分析能力和决策能力。

最后，学生还应该学习如何运用营销工具和手段进行市场推广，其中包括线上线下的推广策略、社交媒体营销、内容营销、品牌管理等方面的知识。学生需要了解不同的营销渠道和推广方法，并学会制定适合产品和目标市场的营销策略。

通过市场营销意识和实践能力的培养，他们能够更好地把握市场机遇，满足客户需求，提高产品的市场竞争力。此外，对该方面知识学习也有助于学生构建创新思维，激发自身创业潜能，并为将来创业或就业寻求更多的机会和选择。

（四）商业模式设计

商业模式设计是应用型高校创业教育实践教学的重要内容。商业模式是指企业运作的核心逻辑，它涉及产品或服务的创新、用户定位、市场定位、商业模式的设计、运营及盈利模式等方面。商业模式设计教学旨在培养学生的商业敏锐度、创造力、创新思维和商业策略分析能力，使学生能够根据不同行业的特点和市场需求，设计出符合市场需求和商业竞争规律的商业模式。

在商业模式设计的教学中，应用型高校可以通过课堂教学、案例研究、实训实习等多种形式来进行。首先，可以通过教学课程引导学生了解不同类型的商业模式，掌握商业模式设计的基本原则和方法，提高学生对市场需求和商业竞争的敏感度和洞察力。其次，可以通过案例研究，让学生深入了解不同行业的商业模式，提高学生对市场、用户和竞争的认识，培养学生的商业判断能力。最后，可以通过实训实习等方式，让学生亲身参与商业模式的设计和实施，让学生掌握商业模式设计技能，提高学生的实践能力和创新能力。

在商业模式设计教学中，应用型高校还应该注重培养学生的团队协作能力。商业模式设计需要不同学科、不同专业的学生紧密协作，将各自的专业知识和技能有机地结合起来，共同完成商业模式的设计和实施。因此，应用型高校可以通过团队合作的实践方式，让学生在团队合作中互相学习、交流，培养学生的团队协作能力。这样的教学方式不仅可以提高学生的创新能力和实际应用能力，还可以培养学生的团队合作能力和领导能力，为学生未来的职业发展打下坚实的基础。

（五）融资与风险管理

在应用型高校创业教育实践教学中，融资与风险管理是重要的一环。创业者需要了解如何在初创阶段寻找资金，包括利用投资、众筹、银行贷款、天使投资等融资方式，以及了解如何进行资本运作。同时，创业者还需要学会如何评估和管理风险，其中风险包括市场风险、技术风险、财务风险、政策风险等，从而降低风险并提高成功概率。

在融资方面，实践教学可以通过模拟投资、投资谈判、融资方案设计等活动，培养学生的融资能力和创业融资意识。由此，学生还可以了解到不同融资方式的优缺点，以及资本结构优化和股权融资等方面的知识，从而更好地作出融资决策。

在风险管理方面，实践教学可以通过实际案例分析、风险评估、制订风险管理计划等方式，帮助学生了解各种风险，并使其学会如何进行风险规避和管理。同时，学生还需学会制定有效的风险应对措施，以应对不同类型的风险，降低创业风险，提高创业成功率。

课程设计还可以涵盖更多的实践内容，如融资计划书撰写、风险管理计划制订、投资项目筛选和管理等方面的实际操作内容，使学生通过实践体验和探索，更好地掌握创业融资和风险管理方面的知识和技能。

（六）团队协作

团队协作是应用型高校创业教育实践教学中一项非常重要的内容。创业团队通常由不同背景、不同专业的成员组成，因而如何协作完成各项任务是创业成功的关键。在实践教学中，应用型高校会通过课程设置和创新创业实践项目的安排，培养学生的团队协作能力。

第一，课程中通常会设置团队项目，要求学生通过团队协作完成项目的各个环节。例如，在商业计划课程中，学生需要组建团队，共同完成商业计划书的撰写和演示，这就需要学生具备良好的团队协作能力。

第二，在创业实践项目中，学生也需要组建创业团队，共同创业。这种模式要求学生协作完成各项任务，如产品设计、市场调研、商业模式设计、融资计划等。这样的实践活动有利于培养学生的团队协作能力、沟通能力、组织能力等。

应用型高校还会通过组织各种团队活动，加强学生的团队协作。例如，组织团队建设、团队竞赛等活动，这些活动不仅有利于提高学生的团队协作能力，还可以促进学生之间的沟通和交流，增强学生的集体荣誉感和归属感。

在应用型高校创业教育实践教学中，团队协作是不可或缺的内容。培养学生的团队协作能力，是创业教育的重要目标。

创业教育的实践教学形式和内容丰富多样，旨在为学生提供全面的创业准备，培养学生的创业素养。通过理论教学、参与实践项目、实地考察、创业导师指导等多种形式，学生能够全面了解创业的本质、过程和挑战，并掌握创业所需的知识、技能和工具。创业教育实践教学注重培养学生的创新思维、实际操作能力、团队合作能力和适应能力，使他们能够在创业的道路上更加自信。

二、应用型高校创业教育实践教学的形式

应用型高校创业教育实践教学形式多样，包括实验探究、创业实践、竞赛、企业实习等多种形式。其中，实践教学是创业教育的重要组成部分，通过与实际项目结合，帮助学生掌握实际应用能力，培养实践创新和创业精神，从而提高学生的就业竞争力。此外，创新创业竞赛、创客空间等形式也能够激发学生创新创业的热情，提高学生的综合素质。本部分将详细介绍应用型高校创业教育实践教学的形式。

（一）实践活动

实践活动是实践教学的形式之一。通过实践活动，学生可以更加深入地了解创业的过程。各种形式的实践活动，如创新创业比赛、商业计划书竞赛、企业实践等，可以为学生提供丰富的实践机会，让他们在实际操作中锻炼创业技能和团队合作能力。

创新创业比赛是一个非常有效的实践平台，它鼓励学生团队以创新的方式提出商业创意，并通过商业计划书、演示或模拟经营等方式展示他们的创业潜力。通过参与比赛，学生能够锻炼创业思维、商业分析和团队合作能力，并接受来自评委和其他参赛团队的专业评估和反馈。

商业计划书竞赛是鼓励学生团队撰写商业计划书，并通过评委的评审来评估计划书的可行性和商业价值的实践活动。这种形式的实践活动可以让学生深入思考和规划自己的创业项目，同时提升其书面表达能力和逻辑思维能力。

与企业合作开展实践项目或实习是一种重要的创业教育实践方式。学生可以在真实的商业环境中参与项目工作，与企业员工合作，了解企业运作、市场需求等。这种实践形式可以帮助学生将理论知识应用到实际中，有助于培养学生解决问题的能力和实践技巧。

学校可以鼓励学生自发组建创业团队，并为其提供相关的指导和支持。学生创业团队可以选择自己感兴趣的项目，通过团队合作来完成商业计划书的撰写、市场调研、产品开发等任务。这种实践形式有助于培养学生的团队合作能力和解决问题

的能力。

通过以上实践活动，学生可以在真实的创业环境中积累经验，锻炼创业技能和团队合作能力。这些实践形式能够使学生更好地理解创业，从中获取经验，不断提升自身的创业能力。

（二）创业实训

在校内或校外设立创业实训基地，为学生提供创业资源和指导，能够让学生在实际创业过程中学习和成长。

在应用型高校创业教育实践教学形式中，创业实训是一种重要的形式。创业实训是指通过模拟创业环境、模拟创业项目，让学生在实践中学习创业知识和技能的一种教学方式。创业实训可以提供一个安全的创业环境，帮助学生更好地了解创业过程、掌握创业技能，并在实践中发现自身的不足之处，从而更好地为创业做准备。创业实训的形式通常有以下几种。

第一，创业营。创业营是一种集中式的创业实训形式，一般持续几天到几周不等。学生在创业营中可以聆听创业课程、听取创业导师的建议，同时还可以参与创业项目的组建和实践，体验创业过程，锻炼创业技能。

第二，创业实践项目。创业实践项目是一种根据学生的创业兴趣和专业方向，让学生自主组建团队，从事实际创业的项目。学生可以在实践中学习创业知识和技能，并锻炼自己的团队协作能力、项目管理能力等。

第三，创业实习。创业实习是一种让学生参与实际创业公司工作的实践活动。学生可以在实习中了解创业公司的运作模式，学习创业技能，并积累实践经验。

创业实训是一种将创业教育融入实践的有效形式，通过提供实际的创业机会和实践环境，帮助学生更好地了解创业过程，培养其创业能力。在创业实训中，学生可以通过创业项目的策划、组织和实施，体验创业的方方面面，从而加深对创业的理解。

（三）创业孵化

为学生提供创业孵化器、创客空间等资源，帮助学生进行商业计划的制订、产品开发、融资、市场推广等环节，培养学生的创业能力和实际应用能力。

创业孵化是应用型高校创业教育实践教学的一种形式，其主要目的是为初创企业提供全方位、全周期、全过程的创业服务和支持，助力学生将创业想法转化为现实项目，并推动其成长为成熟的创业企业。创业孵化中心作为一个专业的机构，为学生提供企业孵化、技术咨询、市场调研、投融资服务、法律咨询等全方位的支持。同时，创业孵化中心还可以提供办公空间、设备设施、网络资源等基础条件，为初创企业提供一个良好的办公环境和生态系统，加速企业的发展。在创业孵化过程中，创业导师的作用尤为重要，他们可以根据学生的不同需求提供具体的创业指导，帮助学生克服困难，完成创业过程中的各项任务。同时，创业孵化中心也可以与校内外的企业、投资机构等建立合作关系，为学生提供更多的资源和机会，促进学生的创业成功。

（四）导师指导

导师指导在应用型高校创业教育实践教学中是非常重要的一项支持措施，它指的是为学生提供个性化的创业导师服务，协助学生制订和实施创业计划，从而提高学生的创业成功率和创业能力。

导师指导是导师根据学生的个人情况和创业项目的特点，为学生提供个性化的指导和支持。导师可以帮助学生分析市场、制定商业模式、规划创业策略等，根据学生的需求提供相应的建议和解决方案。通过与导师的交流和讨论，学生可以获取专业知识和经验，从而更好地应对创业中的挑战和困难。

导师通常是有丰富创业经验的企业家、投资人或行业专家，他们可以通过分享自己的实践经验，帮助学生了解创业的实际情况和行业趋势。导师的经验分享可以帮助学生更好地理解创业过程中的关键要素和成功的关键因素，从而提高他们的创业决策能力和实际操作能力。

导师具有广泛的社会关系和行业资源，他们可以帮助学生与相关行业的企业家、投资人、合作伙伴等建立联系。通过导师的引荐和推荐，学生可以获得更多的创业机会和资源支持，扩展自己的创业网络，并提高创业项目的成功率。

导师指导不是一次性的指导，而是一个持续的过程。导师会与学生保持定期交流和反馈，跟踪学生的创业进展，发现问题并提供解决方案。通过持续地指导和反馈，学生可以不断调整和完善自己的创业计划，提高创业项目的可行性和成功概率。

通过导师引导，学生可以获得专业化的创业指导和支持，从而提高创业成功率和创业能力。导师的经验和知识可以帮助学生更好地规划创业路径，避免一些常见的创业错误出现，并为其提供实际操作上的帮助和指导。

（五）跨学科合作

应用型高校创业教育实践教学形式中的跨学科合作是非常重要的一种形式。实际的创业活动往往需要将不同学科领域的专业知识和技能相结合，因而跨学科合作能够为学生提供更多的想法和解决问题的方式。这种合作方式还能够帮助学生更好地了解其他学科的知识和技能，并从中获得启示和灵感。同时，跨学科合作也能够促进学生团队合作能力和沟通能力的提高，这对于他们未来的职业发展也是非常有帮助的。

首先，综合优势和创新力。跨学科、跨专业的合作可以将不同学科和专业的知识、技能和经验融合在一起。团队成员各自背景不同，具备不同的专业知识和视角，可以通过彼此的交流和合作，充分发挥各自的综合优势和创新力。例如，工程学的学生可以为产品的设计和制造提供技术支持，市场营销学的学生可以负责市场调研和推广，财务管理学的学生可以进行资金管理和财务规划，法律学的学生可以提供法律咨询和知识产权保护等服务。不同学科的融合为团队带来了更多的可能性和创新思路，有助于创业项目的发展和成功。

其次，资源优化和互补。跨学科、跨专业的合作可以实现资源的优化和互补。不同学科和专业具不同的资源和优势，如实验室设备、研究成果、人才网络等。通过合作，团队可以充分利用和整合这些资源，避免资源的浪费和冗余。同时，不同学科和专业的合作也可以弥补各自的不足，弥补知识和技能的缺失。团队成员可以相互学习和借鉴，共同解决问题，提升整体的创新能力和竞争力。

再次，多元化的创新思维和解决方案。跨学科、跨专业的合作可以带来多元化的创新思维和解决方案。不同学科和专业的背景、经验使团队能够从多个角度思考问题，提供不同的解决方案。这种多元化的思维和方案可以帮助团队更好地应对挑战，并提供更具创新性和可行性的解决方案。通过跨学科合作，团队可以更全面地考虑市场需求、技术可行性、商业模式等因素，从而提升创业项目的成功概率。

最后，促进文化创新和跨界交流。跨学科、跨专业的合作不仅能够促进团队成员合作能力的提升，还可以培养团队成员创新文化、跨界交流的意识。在合作的过程中，团队成员会接触不同学科和专业的思维方式、工作方式和价值观，从而能够拓宽自己的视野。这种跨界交流有助于打破学科壁垒和思维定式，激发团队成员的创造力和创新潜能。同时，通过共同的合作和互动，团队成员还可以建立起跨学科的合作网络和人脉资源，为未来的创业和职业发展提供更广阔的平台。

鼓励跨学科、跨专业的合作是应用型高校创业教育实践教学的重要环节。它能够实现资源的互补和优化，促进创新创业成果的产生。多学科的融合和合作，能够培养学生的综合素质和创新能力，拓宽视野，为未来的创业和职业发展奠定坚实的基础。

在应用型高校创业教育实践教学中，形式多样是至关重要的。通过案例分析、实践活动、创业实训基地、导师引导和跨学科合作等多种形式的教学，学生可以获得全方位的创业能力培养和实践经验积累。这些形式的结合和融合，能够为学生提供多种学习机会和实践平台，激发学生的创新潜能，培养其创业意识和实际应用能力。

三、创新创业背景下应用型高校实践教学目标实现的基本思路

实践教学在大学生创新创业能力培养中具有至关重要的地位。因此，在推进创新创业教育改革过程中，我们必须重视本科实践教学改革的研究，确立实践教学内涵建设的基本思路和实现路径，并切实推进实践教学内涵建设的组织实施。这样可以不断提高本科人才培养质量和创新创业教育工作的成效。

在应用型高校教育中，创新创业教育是非常重要的。需要注意的是，实践教学内涵建设要注重学生全面发展和社会发展需求的结合，强调专业特色和社会需求相融合、创新创业教育和专业教育相融合、实践教育和行业协同相结合、素质教育和社会主义核心价值观相融合、个性化培养和质量标准相融合等。这些措施有助于提高应用型人才培养的质量，同时也能够让创新创业教育更加有利于学生的全面发展并适应社会需求。因此，应用型高校的创新创业教育应注重实践教学内涵建设，以确保应用型人才培养目标的实现。

四、加强实践教学平台建设，为创新创业教育提供支持和保障

根据应用型本科人才培养目标和创新创业教育的宗旨，应用型高校应该全面利用校内外资源，强化实践教学资源建设，优化资源配置，积极推进校外合作基地建设，并搭建创新创业平台。同时，应该组建"双师双能型"师资队伍，为创新创业

教育提供有力保障。

（一）推进校内实践教学平台的建设与共享

根据"功能集约、资源共享、开放充分、运作高效"的指导思想，应用型高校要大力开展跨学科实践教学平台建设，加强实践教学信息化建设，充分利用企业资源和人才优势，培养学生的创新能力。

（二）加强实践中心的支撑和服务功能

整合现有的工程训练中心、大学生创新创业园以及新建的专业实训室等实践平台，应用型高校应构建适应多学科需求的工程实践训练和文科应用实践教学体系，建设"创客空间"，为学生提供将创意转化为实际产品的场所、多元化指导和服务。实践中心逐渐成为面向全体学生的工程训练、项目实训和创新创业实践新基地，形成从创业孵化到产业基地的完整服务链条，为学生开展创新创业活动提供强有力的支持。

（三）建设"双师双能型"师资队伍

应用型高校要大力引入有丰富行业经验的专业人才，邀请企业技术骨干、中高层管理人员担任兼职教师，构建具有行业背景和创新创业能力的"双师型"队伍。同时，积极开展教师专业技能培训、跨界学习、实践教学体验等活动，提升教师的实践教学能力和创新创业指导能力。在教学改革项目中，增加创新创业教育改革研究领域，鼓励教师参与创新创业课程建设及相关研究工作。鼓励教师更新教育理念，采用探究式、体验式、创业运营模拟等教学法，引导学生在实践中探索和创新。鼓励教师关注国际创新创业教育前沿发展，吸收最新研究成果和实践经验，并将其应用于课堂教学。同时，通过设计创意项目、创新项目考核、创业计划设计、模拟竞赛等多元化考核方式，激发学生创新创业的灵感。

实践教学是创新创业教育的核心和关键，因而应用型高校需要加强实践教学内涵建设，优化实践教学体系，并更加注重实践教学环节及实际效果。为此，应用型高校应坚持课程理论教学和实践教学相结合，校内与校外相结合，第一课堂与第二课堂相结合，通过完善人才培养方案和质量标准，构建适应创新创业教育要求的实践教学体系；同时，应该加强实践育人平台建设，打造具备创新创业能力的"双师型"队伍，以保障创新创业教育的质量，提高人才培养水平。

第三节　创业教育实践教学的管理和评估

在应用型高校创业教育实践教学中，管理和评估是非常重要的环节。有效的管理和评估能够促进创业教育的全面发展，强化教学效果，推动学生创新创业能力的提升。因此，应用型高校需要建立科学有效的管理和评估机制，以保障创业教育实践教学的顺利进行。

一、应用型高校创业教育实践教学的管理

应用型高校的创业教育实践教学需要在教学目标、教学计划、师资队伍建设、实践环节组织和管理、资源保障等方面进行全方位的教学管理，以提高创业教育实践教学的质量和成效，为学生的创业实践能力提升提供有力支持，其主要包括以下方面。

（一）教学管理

应用型高校需要制订详细的实践教学计划和实践教学大纲，明确实践教学目标和内容，合理安排实践教学时间和资源，确定评估标准和考核方式等；同时，需要建立完善的实践教学管理机制，对教师和学生的实践教学活动进行监督和管理。

应用型高校的创业教育实践教学是为了培养学生的创新能力、创业能力和实践能力而开展的。实践教学管理需要从以下方面来进行管理。

第一，实践教学目标的制定和评估。应用型高校创业教育实践教学的目标是培养学生的创新、创业和实践能力，对教学目标进行明确意在确保教学的有效性及成果的实现。

第二，实践教学计划和课程设计。应用型高校需要制订创业教育实践的教学计划并进行课程设计，涉及课程内容、教学方法、实践环节、考核方式等方面内容。教学计划和课程设计需要充分考虑学生的实际情况和需求，以提高教学的针对性和实效性。

第三，实践教学师资队伍建设。应用型高校需要建立一支高水平的创业教育实践教师队伍，为学生提供优质的教学服务。应用型高校需要采取一系列措施来提高教师的教学水平和创业实践能力，包括培训、实践、交流等。

第四，实践环节的设计和管理。应用型高校的创业教育实践教学需要充分注重实践环节的设计和管理。实践环节的设计需要考虑学生的兴趣和需求，鼓励学生积极参与，促进学生创业实践能力的提高。

（二）资源管理

应用型高校需要合理配置实践教学资源，包括教学场地、教学设备、创业资金等，确保创业教育实践教学的顺利进行；同时，需要加强对资源的维护和管理，确保资源的可持续利用。

第一，实践教学教育资源管理。教育资源是创业教育实践教学的基石。高校应充分利用现有的教育资源，包括课程资源、教学资源和信息技术资源。例如，高校可以开设与创业相关的课程，邀请企业家和创业导师进行授课，为学生提供实际的创业案例分析。

第二，实践教学资金管理。资金是创业教育实践教学的重要保障。应用型高校应当设立专门的创业教育实践教学经费台账保障实践教学的开展，还应尽量争取实践教学单位的资金支持。

第三，合作伙伴管理。合作伙伴是创业教育实践教学的重要支撑。高校应积极与政府、企业和社会团体建立合作关系，共同为创业教育实践教学提供支持。高校通过建立合作关系，共享资源，强化教学效果，为学生提供更多实践机会。

第四，实践平台管理。实践平台是创业教育实践教学的关键载体。高校应积极建设创业实践基地、创业孵化器和创业实训中心等实践平台，为学生创建一个可以实际操作、动手实践的环境。此外，高校还可以通过与企业合作，为学生提供实习、实训等实践机会。

（三）师资管理

应用型高校要开展创业教育实践教学需要建立一支高水平、专业化的实践教学师资队伍，加强对教师的培训和考核力度，提高教师的教学能力和实践能力；同时，还需要注重对兼职教师和企业导师的管理和评估，确保他们的教学质量和指导能力，其主要包括以下方面。

第一，师资队伍建设。应用型高校创业教育实践教学的师资队伍建设应该以实践经验为主导，以学科交叉为特点，以学术实践为目标，建设一支既有创业实践经验又有学科交叉能力的高水平师资队伍。师资队伍的建设需要注重培养师资队伍的整体素质，提高师资队伍的教学水平和实践能力；应积极引进有实践经验的创业导师和企业家，建立实践型教学团队，形成教学与实践相结合的育人模式。

第二，师资培训。应用型高校创业教育实践教学的师资培训是师资队伍建设的重要环节。师资培训应该注重教师实践能力和教学水平的提高，既要注重理论知识的学习，又要注重实践经验的分享。培训内容可以包括创业理论知识、创业实践经验分享、教学方法与技巧、案例教学等方面，培训可以采取课程教学、讲座、研讨会、实践指导等形式。

第三，师资激励。应用型高校创业教育实践教学的师资激励是师资队伍建设的重要保障。师资激励可以通过多种方式进行，如加薪、晋升、聘任等形式。此外，还可以推行丰富多彩的培训机会、学术交流机会等激励措施，让师资队伍有更多的发展机会，从而提高他们的工作热情和积极性。

第四，师资评估。应用型高校创业教育实践教学的师资评估是师资队伍建设的重要手段。师资评估可以帮助学校了解师资队伍的教学水平和实践能力，从而为师资队伍的培训提供有力的依据。师资评估应该从教学效果、教学态度、教学创新等多方面进行评估，并及时反馈评估结果，给师资队伍提供有针对性的培训和改进意见，以提高其教学水平和实践能力。同时，师资评估还可以作为教学质量保障的一个重要环节，促进应用型高校创业教育实践教学的不断发展和进步。

第五，师资交流与合作。应用型高校创业教育实践教学的师资交流与合作是师资队伍建设的重要方面。师资交流与合作可以促进教师之间互相学习、借鉴，增强教师的团队协作能力，提高教师的教学水平和实践能力。师资交流与合作可以通过教学研讨、课程设计、案例研究、科研项目合作等形式进行，不仅有利于师资队伍的建设，也有利于应用型高校创业教育实践教学的不断创新和发展。

应用型高校创业教育实践教学的师资管理是应用型高校创业教育实践教学质量的重要保障。应用型高校通过师资队伍建设、师资培训、师资激励、师资评估和师资交流与合作等多方面的努力，提高师资队伍的整体素质和实践能力，从而为应用型高校创业教育实践教学的不断发展和进步提供有力的支撑。

（四）学生管理

应用型高校创业教育实践教学的学生管理是为了有效地组织和管理学生在实践环境中的学习和创业活动，以促进他们创新创业能力和实践能力的培养。从实践教学的角度来论述学生管理的重要性和方法，主要包括以下几个方面。

第一，学生管理在创业实践教学中的重要性不可忽视。创业实践教学要求学生在实际项目中进行创业活动，这涉及资源的调配、团队的组织、任务的分配等诸多方面。学生管理的有效实施能够帮助学生形成良好的工作习惯和团队合作意识，提高学生的执行能力和组织能力，从而更好地完成实践任务。

第二，学生管理需要注重激发学生的创新能力和潜力。在创业实践教学中，学生管理不局限于简单的任务分配和监督，更重要的是引导学生发挥自己的创新和创业潜力。管理者应该关注学生的兴趣和特长，根据学生的个体差异提供有针对性的指导和支持，鼓励学生展现创意和创新，培养他们的创业精神和创新意识。

第三，学生管理应注重学生团队建设和协作能力的培养。创业实践往往需要学生组成团队，共同完成创业项目。学生管理的一个重要方面是帮助学生建立良好的团队关系，培养学生的团队意识和协作能力。管理者可以通过分工合作、团队讨论和反馈等方式，促进团队成员之间的交流与合作，提高团队的整体绩效。

第四，学生管理需要关注学生的成长和发展。创业实践教学是培养学生创业能力和实践能力的过程，学生管理应该注重学生的个体发展。管理者可以与学生进行定期的个别谈话，了解学生的学习和创业情况，为其提供有针对性的指导和帮助。同时，管理者还可以组织学生参与各种培训和活动，为其提供更多学习和发展机会。

应用型高校创业教育实践教学中的学生管理在促进学生创新创业能力的培养和实践能力的提升中起着至关重要的作用。在学生管理方面，管理者应注重激发学生的创新激情和创业意识，引导学生进行实践探索，并通过团队合作和个体发展的方式全面培养学生的能力。

二、实践教学的评估管理

应用型高校创业教育实践教学的评估管理是指对创业教育实践教学过程进行定

性和定量的评估，以检验实践教学效果是否达成预期目标，为后续的教学改进和管理决策提供依据。

第一，评估管理需要建立明确的评估指标体系。这包括从学生知识技能、创新能力、团队合作能力、实践成果等多维度对创业教育实践教学进行评估。评估指标应该与教学目标相对应，具有科学性和实用性，能够全面衡量学生在创业教育实践中的表现和成长。

第二，评估管理需要采用多样化的评估方法。除了传统的课程考核评估外，还可以引入实际项目评估、创业计划书评审、实践报告评估、学生自我评估和同行评估等方法。应用型高校通过多样化的评估方法，更全面地了解学生的实际能力和实践成果，准确评价创业教育实践的效果。

第三，评估管理需要定期进行，形成持续的反馈机制。评估应该在创业教育实践的不同阶段进行，及时发现问题并解决。教师和学生应该参与评估，共同讨论评估结果，分析原因并制定改进措施。应用型高校通过定期评估和反馈，不断提升创业教育实践的质量和效果。

第四，评估管理还需要建立完善的数据收集和分析体系。应用型高校通过收集学生的学习成果、创业项目的进展和成果等相关数据，利用数据分析工具对评估结果进行统计和分析，得出客观的评估结论。数据的收集和分析可以为决策者提供科学依据，推动创业教育实践的改进和创新。

应用型高校创业教育实践教学的评估管理是确保教学效果的重要手段，其通过建立明确的评估指标体系、采用多样化的评估方法、定期进行评估并建立反馈机制，以及建立完善的数据收集和分析体系，全面了解创业教育实践教学的质量和效果。评估管理的有效实施对于高校创业教育的发展具有重要意义。

应用型高校创业教育实践教学的管理和评估是确保实践教学质量和效果的关键，有效的管理和评估能够帮助高校识别创业教育实践中存在的问题，及时调整教学策略和资源配置，进一步提升学生的创新能力、团队合作能力和实践能力。通过定期的评估和反馈，学校能够不断改进教学方法和内容，适应社会和市场的变化，为学生开展更具实效的创业教育实践教学。

评估管理还促进了高校内外创业资源的合作与交流。与企业、创业孵化器、行业协会等建立合作关系，能够为学生提供更多的实践机会和创业资源。同时，实践教学评估结果的公开和分享也能够促进高校与创业基地之间的交流与合作，共同推动创业教育的发展和创新。

应用型高校创业教育实践教学的管理和评估对于提高教学质量、培养创新创业人才具有重要作用。通过科学有效的管理和评估，高校能够不断优化教学策略、强化教学效果，为学生积累更多的创业教育实践经验，推动自身与社会的融合发展。

第五章

应用型高校创业教育的创新发展

应用型高校创业教育的创新发展，是指在当前快速发展的经济社会背景下，为培养具有创新精神和实践能力的创业人才，应用型高校对创业教育进行不断的创新和完善，以更好地适应创业市场的需求和趋势。创新发展的关键在于贴近市场需求，注重实践教学和校企合作，探索多元化的创业教育模式，培养学生的创新思维和实践能力，激发学生的创业潜能，促进创业项目的孵化和转化。

第一节　创新发展的概念和意义

随着经济社会的不断发展，创新和创业已经成为推动经济发展和社会进步的重要引擎。因此，应用型高校创业教育的创新发展显得尤为重要。应用型高校作为培养应用型人才的主要阵地之一，其创业教育的创新发展对于推进人才培养、促进科技创新和服务社会经济发展等方面具有重要的意义。在此基础上，我们需要进一步思考和探索如何创新应用型高校创业教育的内容、方法和形式，提高其质量和效果,以更好地满足社会的需求和人才的需求。

一、创新发展的概念

应用型高校创业教育是指高校为培养具有创新创业精神和实践能力的人才,开设的一种实践性强、理论与实践相结合的教育模式。创业教育的创新发展意味着高校需要在教育理念、教学模式、培养目标等方面进行创新,以更好地满足社会对人才的需求。

(一)教育理念的创新

应用型高校创业教育应该以培养学生的创新创业能力为核心,注重学生实践能力和创新思维能力的培养。高校可以通过建立与企业合作的实践基地、举办创新创业大赛等形式,让学生在实践中掌握创业所需的知识和技能。

党的二十大报告中明确提出要坚持创新在我国现代化建设全局中的核心地位。随着以国内大循环为主体、国内国际双循环相互促进的新发展格局加速发展,创新已成为当今社会的重要趋势和核心竞争力。应用型高校作为培养应用型人才的重要基地,应当注重培养学生的创新创业能力,使其具备在未来职业生涯中自主创业和创新的能力。

应用型高校创业教育的核心应该是培养学生的创新创业和实践动手能力。创新和创业是两个密不可分的概念,创业需要创新的思维和创造性的想法来支持。因此,应用型高校创业教育应该以培养学生的创新思维能力为核心,让学生能够拥有自主创新的能力,并将其应用到实践中。

应用型高校创业教育应该注重学生实践能力的培养。创业教育必须紧密结合实践,让学生在实践中不断探索和总结,以提高他们的实践能力。应用型高校创业教育应该以培养学生的创新创业能力为核心,注重学生的实践能力和创新思维能力的培养。应用型高校可以通过到实践基地锻炼、创新创业大赛等形式,让学生在实践中掌握创业所需的知识和技能,培养出具备自主创新和创业能力的高素质应用型人才。

(二)教学模式的创新

应用型高校创业教育要积极引入 OBE 教育理念,明确新时代大学生创新创业教育方向,让他们能够在实践中发挥自己的创新创业能力,创造出更多的价值和机会。因此，应用型高校创业教育应该注重理论与实践相结合，以实践为主导，并采用多种教学方法和手段，如案例教学、课程设计、导师制等，让学生在实践中不断探索和创新。

应用型高校创业教育应该注重理论与实践相结合。在创业教育中，理论知识的传授是必不可少的，但理论知识的传授不能成为创业教育的全部。应用型高校应该将理论知识和实践经验相结合，让学生在实践中逐步理解和掌握创业知识。理论和实践相结合，不仅能够使学生更加深入地了解创业的本质和要素，也能够让学生在实践中更加深刻地理解和应用理论知识。

应用型高校创业教育应该以实践为主导。创业教育的目的是培养学生的创新创业能力，只有学生在实践中不断探索和实践，才能逐渐形成自己的创新思维和创业能力。因此，应用型高校应该通过创业实践课程、创业实战课程、创业实践活动等方式，让学生在实践中感受和掌握创业所需的知识和技能。同时，实践也需要教师或导师的指导和引导，旨在帮助学生克服困难，加速成长。

应用型高校创业教育应该采用多种教学方法和手段。案例教学、分组讨论、导师制等多种教学方法和手段，能够更好地引导学生进行自主学习和自主探究，激发他们的创新创业能力。通过案例教学，学生可以更加深入地了解创业过程中可能遇到的问题；通过分组讨论，学生可以将理论知识和实践经验结合起来，提高自己的综合能力；通过导师制，学生可以得到更加个性化的指导和帮助，提高学习效果。

（三）培养目标的创新

应用型高校创业教育是培养应用型人才的重要途径，旨在通过创业教育培养学生的创新创业能力和复合型素质，以适应未来社会的发展需求。因此，应用型高校创业教育应该注重培养学生的综合能力和素质，使学生具备创新精神、实践能力、领导力、团队协作能力等多方面的素质。

应用型高校创业教育应该注重培养学生的创新精神。创新精神是创业成功的重要因素，应用型高校应该通过教育培养学生的创新意识和创新思维，鼓励学生跨越传统思维模式，寻找新的商业模式和机会，培养学生的创造性和创新能力。

应用型高校创业教育应该注重培养学生的实践能力。创业教育的目的在于让学生在实践中掌握创业所需的知识和技能，因而应用型高校应该通过实践课程、实践基地、实践活动等方式，让学生在实践中不断探索和实践，培养学生的实践能力。

应用型高校创业教育应该注重培养学生的领导力。领导力是创业成功的关键因素之一，应用型高校应该通过课程设计、实践活动、导师指导等方式，帮助学生提高自身的领导力，激发学生的潜力和创造力。

应用型高校创业教育应该注重培养学生的团队协作能力。在创业过程中，团队协作能力是至关重要的，应用型高校应该通过团队实践、团队课程等方式，培养学生的团队协作能力，帮助学生了解如何与他人合作，如何共同完成任务。

应用型高校创业教育应该注重培养学生的综合能力和素质，使学生具备创新精神、实践能力、领导力、团队协作能力等多方面的素质。通过创业教育，应用型高校能够培养出具备综合素质和创新创业能力的高素质人才。这些人才不仅能够满足未来社会的发展需求，还能够为社会和经济的发展做出更大的贡献。

（四）课程体系的创新

随着社会发展和经济进步，创新和创业已经成为现代社会发展的重要动力和方向。应用型高校作为培养具有实际技能和创新能力的人才的重要阵地，需要建立完善的课程体系，将创业教育贯穿整个专业知识体系，将创新创业教育纳入人才培养方案全过程，以帮助学生更好地多掌握与创新、创业相关的知识和技能。

第一，应用型高校应该开设相关的创新创业通识课程、进阶课程、实战课程。这些课程可以包括创业管理、商业计划书撰写、市场营销、创业融资、创新设计、商业模式构建等。这些课程可以帮助学生了解创业过程的各个方面，掌握创业所需的基本技能和知识，培养学生的创业思维和实际能力。

第二，应用型高校还应该将创业教育与专业教育相融合。在工科、经济学、管理学、法律等专业课程中，教师可以引入创新创业相关案例、教材和讨论，让学生了解在实际行业中如何运用所学知识进行创新和创业，还可以将创新创业训练计划同专业课程有机结合。

第三，应用型高校还可以为学生设置创新创业实践课程、开展相关活动，如参访创新创业孵化基地、举办创业比赛、开展企业实习等。这些实践活动可以让学生深入了解创业实践中面临的挑战和机遇，提高他们的创业能力，积累实践经验。

第四，应用型高校还可以为学生提供创业资源和支持。学校要加大对创业团队、创新创业中心的扶持力度，为学生提供专业的创业咨询和指导服务，以及创新创业的场所、资源和资金支持，帮助学生实现创业梦想。

应用型高校创业教育应该建立完善的课程体系，将创业教育贯穿整个人才培养体系，将创新创业教育纳入各个专业的教学，让学生在进行专业学习的同时，也能够接触和学习创新创业相关知识和技能。通过创新创业教育，学生可以更好地了解自己的兴趣和能力，为未来的职业规划打下坚实的基础。因此，应用型高校创业教育的建设和发展具有非常重要的意义和价值。

（五）实践平台的创新

应用型高校的创业教育旨在帮助学生培养创业意识和实践能力，让他们能够在未来的职业生涯中成为具备创新精神和创业能力的人才。为了实现这一目标，应用型高校建立多样化的实践平台是至关重要的。

首先，创业实习是一种非常重要的实践平台。通过实习，学生可以接触真实的商业环境和实践机会，了解创业的各个方面，掌握创业所需的技能。创业实习还可以帮助学生建立商业网络和人脉体系，增强他们的自信心和职业竞争力。

其次，创业训练是又一种重要的实践平台。这种训练通常是通过课堂教学、竞赛、模拟演练等方式进行的，旨在帮助学生了解创业的各个方面，并通过提供实践机会来提高他们的创业技能和经验。创业训练可以帮助学生在实践中发现自己的优势和不足，提升他们的创业能力和决策能力。

最后，参研科技项目也是一种重要的实践平台。在现代社会，科技创新已经成为创业成功的重要因素之一。通过参与科技创新项目，学生可以了解最新的科技趋势和技术应用，了解创新的过程和方法。同时，科技创新还可以提供实践机会，帮助学生提高创新能力和实践能力，从而更好地适应未来的职业生涯。

建立多样化的实践平台对于应用型高校的创业教育非常重要。通过参与创业实习、创业训练、科技探索等不同形式的实践，学生可以锤炼自己的创新能力和实践能力，提高自身的创业竞争力和职业发展潜力。

应用型高校创业教育的创新发展是一项长期且复杂的工作，需要高校在实践中不断探索和创新，以更好地适应社会发展的需求。同时，也需要高校不断提高教师的教学水平，加强对学生的引导，营造浓厚的创新创业氛围，鼓励学生在创新创业领域不断探索和实践。

创新发展成功的关键在于高校的领导层、教师和学生共同努力。高校领导需要对创新创业教育给予足够的重视，制定切实可行的政策和措施，引导学校发展创新创业教育；教师需要不断提高自身创新创业技能水平，不断探索和实践新的教学方法和手段，为学生提供更加丰富多彩的教学体验；学生则需要积极主动地参与创新创业教育，不断锤炼自己的实践能力和创新创业精神，为未来的创新创业事业打下坚实的基础。

创新是引领发展的第一动力。应用型高校创业教育的创新发展是高校应对未来社会发展的重要任务，需要多方面的共同努力和持续创新，以培养更多具有创新创业能力的人才，为加快建设创新型国家提供人才支撑。

二、创新发展的意义

应用型高校创业教育的创新发展具有重要的意义。随着经济全球化和科技创新的加速发展，创业已经成为越来越多人的选择方向。而应用型高校作为为社会培养高素质应用型人才的重要阵地，其创业教育的创新发展不仅可以助力学生成为具备创新精神和创业能力的人才，也可以促进社会经济的发展、提升高校的社会影响力。因此，应用型高校创业教育的创新发展具有非常重要的意义。

（一）促进高校与社会的深度融合

随着社会经济的不断发展和竞争的加剧，高校所培养的学生必须具备适应社会变化和需求的能力，以满足社会对人才的需求。而创业教育正是帮助学生更好地适应社会的变化和需求的重要途径之一。通过创新创业教育，应用型高校可以与社会深度融合，为学生提供更好的实践机会，培养更多具备创业能力和实践经验的人才，为社会经济发展提供更加有力的支持。

首先，创业教育可以让学生更好地适应社会变化和需求。随着科技的不断进步和经济的发展，社会的需求也在不断变化，而创业教育可以帮助学生了解这些变化并及时调整自己的职业规划，以更好地适应社会的变化和需求。

其次，创业教育可以为学生提供更好的实践机会。创业教育通常包括创业实践、创新训练和科技创新等实践活动。这些实践活动可以让学生在实践中掌握创业技能，提高创业能力和实践能力，为将来的职业生涯做好充分的准备。

再次，创业教育可以培养更多具备创业能力和实践经验的人才。随着社会对创新和创业人才的需求不断增加，创业教育可以帮助应用型高校培养更多的创业人才，这些人才将有助于推动社会的创新和发展，促进社会经济的繁荣。

最后，创业教育可以帮助应用型高校与社会深度融合。创业教育通常需要吸引来自产业界、政府和投资者等多方面的支持，这就需要高校与社会各界深度融合，共同推动创业教育的发展。通过创业教育，高校可以与社会各方建立紧密的合作关系，为学生提供更好的实践机会，推动社会经济的发展。

（二）促进学生创新精神和创业能力的发展

创新和创业是当今社会经济发展的主要动力。应用型高校创业教育的创新发展可以帮助学生掌握创业所需的技能，提高他们的创业能力和决策能力，从而帮助他们更好地适应未来的职业生涯。同时，创新创业教育还可以培养学生的创新精神和创业意识，激发他们的创新潜力，为未来的职业生涯打下坚实的基础。

首先，创新创业教育可以帮助学生掌握创业所需的技能，提高他们的创业能力和决策能力。创新创业教育通常包括创业实践、创新训练和科技创新等实践活动。这些实践活动可以帮助学生了解创业的全过程，了解企业的管理和运营，提高他们的商业素养和企业管理能力。

其次，创新创业教育可以培养学生的创新精神和创业意识，激发他们的创新潜力。创新创业教育不仅是教授学生创业技能和知识，更重要的是激发学生的创新潜力，鼓励他们在实践中发掘自己的创新能力和创业精神。在创新创业教育中，学生将会接触创新思维和创业文化，掌握创新创业的精髓，培养创业精神和创新能力，从而成为有能力和有远见的人才。

最后，创新创业教育可以为学生未来的职业生涯打下坚实的基础。随着社会的发展和竞争的加剧，创新和创业已经成为求职和职业发展中的重要素质。通过创新创业教育的学习和实践，学生可以建立起适应市场需求、独立思考和解决问题的能力，增强自我管理和协调能力，提高团队合作和沟通能力，以及创造新的价值的能力。这些能力不仅有助于学生的创业和职业发展，也能够让他们在日常工作和生活中更好地面对各种挑战和困难。

（三）提高高校的社会影响力

应用型高校创业教育的创新发展可以提高高校的社会影响力。随着社会对创新和创业的需求日益增加，高校如能够在创新创业教育上取得显著的成果，将有利于提高高校的社会声誉和品牌价值，为学生提供更好的教育资源和实践机会，培养更多有创造力、有担当、有成就的创新创业人才，促进高校与社会各界的深度融合。同时，高校的创业教育也将为社会提供更多有价值的创新成果和创业企业，为社会经济的发展注入新的动力。

首先，应用型高校的创新创业教育成果可以提高高校的社会声誉和品牌价值。高校如果能够在创新创业教育上取得显著的成果，如学生的创新创业项目获得了市场的认可或取得了相关荣誉等，将有利于提高高校的社会声誉和品牌价值。随着高校的声誉和品牌价值的提升，高校将会吸引更多的优秀学生和教师，吸引更多的企业和社会资源，从而推动高校整体实力的不断提高。

其次，高校的创业教育可以为社会提供更多有价值的创新成果和创业企业。创新创业教育有助于培养学生的创新精神和创业意识，激发他们的创新潜力，使其具备更好的创新能力和创业精神。这些有创新能力和创业精神的学生可以成为未来的创业者和创新领军人才，在未来的职业生涯中推动社会的创新和发展。此外，高校的创业教育还可以孕育出一批批优秀的创业企业。这些企业将为社会提供更多的就业机会和创新成果，为社会经济的发展注入新的动力。

最后，高校的创新创业教育还可以加强高校与企业、政府等社会各界的联系，促进产学研合作和技术转移。高校在创新创业教育中需要吸引来自产业界、政府和投资者等多方面的支持，这就需要高校与社会各界深度融合，共同推动创新创业教育的发展。通过与企业、政府等社会各界的合作，高校可以更好地了解社会的需求和市场的变化，为学生提供更加实用、有针对性的创业教育，使学生更好地适应社会和市场的变化，推动产学研合作和技术转移，为社会经济的发展做出更大的贡献。

（四）推动高校教育改革

创新创业教育的创新发展可以促进高校教育改革。应用型高校的创新创业教育已经成为高校教育改革的重要内容之一。在开展创新创业教育的过程中，高校必须不断地创新教学方法、课程设置和实践机制等方面，从而推动高校教育的改革和创新。同时，创新创业教育的实施需要高校教育机构、产业界和政府等各方的合作，需要跨学科、跨界协同，这有利于推动高校教育体系向适应社会需求、服务社会发展转型。

首先，创新创业教育可以激发学生的学习兴趣和积极性，推动应用型高校教育的改革。传统的高校教育过于注重基础理论的教学，而忽略实践。而创新创业教育的实施可以培养学生的创新能力、实践能力和团队合作能力，更加符合当今社会和市场对人才的需求。这样的教育方式可以激发学生的学习兴趣和积极性，使他们更加主动地参与到学习中来，推动高校教育的改革。

其次，创新创业教育可以促进高校教育机构和产业界的深度融合，推动高校教育产教融合实践化。高校和产业界的深度融合是高校教育改革的重要内容之一。创新创业教育的实施需要高校和产业界的紧密合作，从而让学生更好地了解市场和行业的需求和趋势，提高学生的实践能力和创新能力。高校和产业界的深度融合有利于推动高校教育的实践化，从而更好地适应市场需求，为产业发展注入新的活力。

最后，创新创业教育可以促进高校教育机构和政府等多方的合作，推动高校教育的社会化。高校教育机构和政府等多方的合作是高校教育改革的必要条件之一。在创新创业教育的实施过程中，政府可以提供更多的政策支持，促进高校教育机构和产业界的深度融合，为学生提供更好的创业机会和实践平台，推动高校教育的社会化。通过跨学科、跨界协同的合作方式，高校教育机构、产业界和政府等多方可以共同推动高校教育体系向适应社会需求、服务社会发展的方向转型。

高校需要通过不断创新教学方法、课程设置和实践机制等方式，推动高校教育的改革和创新，使高校教育更加贴近社会需求和市场需求。

（五）为学生就业和创业提供更多选择

应用型高校创业教育的创新发展可以为学生就业和创业提供更多选择。创新创业教育的实施可以让学生了解创新创业的最新动态和趋势，帮助他们更好地规划自己的职业发展和创业方向。同时，应用型高校还可以为学生提供创业孵化、投融资、法律咨询等服务，为学生创业提供更好的支持和帮助。

首先，创新创业教育可以帮助学生了解创新创业的最新动态和趋势。随着市场的不断变化和创新的不断推进，创新创业的需求日益增加。高校创新创业教育的实施可以让学生了解创新创业的最新动态和趋势，从而更好地规划自己的职业发展和创业方向。通过教学实践和企业合作等方式，学生可以更深入地了解市场需求和发展趋势，了解各行业的机会和挑战，从而更好地选择自己的职业和创业方向。

其次，创新创业教育可以为学生提供更好的支持和帮助。高校可以为学生提供创业孵化、投融资、法律咨询等服务，帮助学生解决创业中的问题和难题。高校可以通过与产业界和政府等多方的合作，为学生提供创业培训、创业训练、实习就业等多种创业教育服务，帮助学生更好地掌握创业技能、积累实践经验。这些服务可以提高学生的创业成功率，为学生的创业和就业提供更多选择和机会。

再次，创新创业教育可以培养学生的创业精神和创新能力。创业精神和创新能力是当今社会和市场对人才的基本要求之一。高校创新创业教育的实施可以培养学生的创业精神和创新能力，让他们具备更强的创造力和领导力。通过实践和企业合作等方式，学生可以更深入地了解市场需求和发展趋势，从而培养创新精神和创业能力，为未来的职业生涯打下坚实的基础。

最后，应用型高校创业教育的创新发展也可以促进社会经济的发展。创业教育可以培养更多的创业人才和创新型企业，促进创新和创业在社会经济建设中的广泛应用，推动经济发展和就业率增长。应用型高校可以通过与产业界和政府等多方的合作，为学生提供更多的创业机会，促进产学研合作，加速科技成果转化，推动高校创新创业教育向着更加深入和广泛的方向发展。

应用型高校创业教育的创新发展对于高校、学生和社会都具有重要的意义。创新创业教育可以促进高校与社会的深度融合，提高学生创新和创业能力，增强高校的社会影响力，推动高校教育改革，为学生就业和创业提供更多选择，有利于推动社会经济的发展。

第二节　应用型高校创业教育的
创新发展策略

应用型高校创业教育的创新发展是提高学生创业能力、促进社会经济发展的重要途径。针对当前创业教育存在的问题，应用型高校需要制定一系列创新发展策略，以提高创业教育的质量和效果。因此，本节将围绕应用型高校创业教育的创新发展，提出一些可行性的策略和建议。这些策略涉及教学方法、课程设置、实践平台、师资队伍等多方面，旨在为应用型高校创业教育的创新发展提供借鉴和参考。

一、创新教学方法

创业教育的教学方法需要不断创新，以适应学生的需求和市场的变化。应用型高校可以采用案例教学、问题驱动、项目制等多种教学方法，让学生更深入地了解创新创业的实际情况，提高学生的实践能力。

应用型高校可以开设创业案例分析课程，让学生分析和研究实际的创业案例，掌握创业过程中的策略和技巧；同时，还可以开设创新创业项目实践课程，让学生在实际项目中锻炼自己的能力和技能。

下面将分别介绍案例教学、问题驱动、项目制等教学方法在创业教育中的应用及其作用。

（一）案例教学

案例教学是一种以真实或虚拟的案例为教学材料，通过分析和讨论案例中的问题，提高学生的思维能力和实践能力的教学方法。在创业教育中，案例教学可以帮助学生深入了解创业过程中的难点和困境，了解创业者所面临的挑战和机遇，同时也可以帮助学生理解市场的变化和趋势，掌握创业策略和技巧。

（二）问题驱动

问题驱动是一种以问题为导向的教学方法，通过提出问题，引导学生思考和探索，提高学生的创新能力。在创业教育中，问题驱动可以帮助学生了解市场的需求和变化，激发学生的创新潜力，同时也可以提高学生的实践能力和创新能力。

（三）项目制

项目制是一种以项目为基础的教学方法，通过让学生参与到实际项目中，锻炼学生的实践能力和创新能力。在创业教育中，项目制可以帮助学生深入了解创业过程中的各个环节，包括市场调研、商业模式设计、产品开发、市场推广等，同时也可以帮助学生培养团队合作和管理能力。

应用型高校创业教育需要不断创新教学方法，以适应学生的需求和市场的变化。案例教学、问题驱动、项目制等多种教学方法的应用，可以帮助学生深入了解创业过程中的难点和困境，了解市场的变化和趋势，提高学生的实践能力和创新精神，从而使学生更好地适应未来的职业生涯。

二、优化课程设置

优化创业教育的课程设置是应用型高校创业教育创新发展的关键之一。创业教育的课程设置需要与市场需求和学生需求紧密结合，以提高创业教育的实效性。具体来说，应用型高校需要加强市场调研，深入了解市场对创业人才的需求，根据市场需求优化创业教育的课程设置。

（一）加强市场调研

加强市场调研是优化创业教育课程设置的前提。应用型高校需要深入了解市场对创业人才的需求，了解市场的变化和趋势，为创业教育的课程设置提供指导和支持。市场调研可以通过与企业从业者、创业者、投资人等行业内的专业人士进行交流和合作，通过分析市场数据和趋势，了解市场的需求和变化。

（二）根据市场需求调整课程设置

根据市场需求优化创业教育的课程设置是优化创业教育的关键。应用型高校可以根据市场需求设计课程，包括创业策略、商业模式设计、市场营销、财务管理、法律法规等方面，以提高学生的实践能力。

优化创业教育的课程设置需要根据市场需求和学生需求进行，加强市场调研，根据市场需求设计创业导向课程、实践课程，加强实习和就业服务，引入行业专业人才，以提高创业教育的实效性，培养更多具有创新精神和实践能力的人才。

三、建设多元化实践平台

实践是创业教育的重要组成部分，可以帮助学生将理论知识应用到实际工作中，锻炼学生的实践能力。应用型高校需要建设多元化的实践平台，为学生提供更多的实践机会，以促进学生创新创业能力的培养。

（一）建设校内孵化器

校内孵化器是一个为学生创业提供实践支持和创业服务的平台。应用型高校可以在校内设立孵化器，为学生提供办公空间、资源支持、导师指导等服务，帮助学生实现创业梦想。在孵化器中，学生可以得到创业的指导和帮助，同时也可以与其他创业团队交流和合作，增加学生的实践经验和创业经验。

（二）建设创业基地

创业基地是一个可以为学生提供创新创业机会和支持的平台。应用型高校可以与当地政府、企业合作，共建创业基地，为学生提供创业场所、技术支持、市场资源等服务，帮助学生实现创业梦想。在创业基地，学生可以得到更加全面的创业支持，包括政策支持、市场支持、人才支持等。

（三）开展校企合作

校企合作是学校与企业之间的合作，可以为学生提供更多的实践机会和创新创业机会。应用型高校可以与企业合作，开展创新创业项目、实施科技成果转化等活动，让学生参与其中，从而增加学生的实践经验和创业经验。同时，学生也可以通过校企合作了解企业的需求和趋势，从而更好地适应未来的职业生涯。

应用型高校需要建设多元化的实践平台，包括校内孵化器、创业基地、校企合作等，为学生提供更广阔的实践领域。这些实践平台可以帮助学生锻炼实践能力，增加学生的实践经验和创业经验，促进学生创新创业能力的培养。

四、优化师资队伍

应用型高校需要建立一支优秀的创业教育师资队伍，为学生提供更好的创业教育服务。这些师资队伍需要具备创新创业的实践经验和教育能力，同时还需要关注创新创业领域的最新动态和趋势，以保证教学内容的更新。

（一）建立科学化考核保障机制

绩效考核在师资队伍的培养过程中具有调节和导向作用，制定完善的评估指标，建立系统的考核评价体系成了师资队伍建设中至关重要的一个环节。对于创业教育的考核，要设置专门的机构，为教师参与学校管理搭建良好的平台，赋予教师极大的自主权，增强教师的职业归属感和工作积极性。创新创业教育成果与职称评定指标体系对接转换。高校教师职称评审工作要"切实把师德评价放在首位"。这对于创新创业教育师资队伍建设来说是一个好的信号，应用型高校可以酌情制定相关规则，将优秀双创教师团队的教学成果、创新创业大赛获奖与职称评定的指标体系进行对接和转换。

（二）建立协同化师资团队交流机制

师资团队作为青年创客和大学生创业者的重要外部力量，集聚优质就业创业导师资源。应用型高校应加强就业创业师资队伍建设，密切开展高校交流协作，不断深化教育教学改革，努力培养大学生创新精神和创业意识，做好做优职业生涯规划，引导毕业生树立正确的择业观、就业观，切实提高大学生就业创业能力，促进大学生更高质量、更加充分就业，服务地区经济建设。高校应大力推动与周边企业、行业、园区等的深度合作，加强多边交流，开拓市场、拓展渠道、融合发展；

同时，还应加强校内创业培训体系建设，与政府、校外创培机构等形成良好合作机制，共同确保校内创业教育培训质量。

（三）打造多元化师资团队孵化模式

拓宽渠道，立足实际，敢于创新，打破传统的创业项目孵化服务指导结构，实行"一元双师"孵化模式，即校内指导教师（一元）与专业创业导师、企业实战型导师（双师）相结合；对于孵化的创业项目，建立全天候（贴心服务、贴心指导）的跟踪制度；在聘请兼职教师时，要以创新创业教育的相关性、工作实绩及在校工作时间等为主要标准。基于学科专业打造创新创业教育教学师资队伍，充分调动和发挥教学创新型专业教师、技术技能型专职教师、创业指导型兼职教师在团队中的优势和作用，达到专兼协同。

应用型高校需要建立一支优秀的创业教育师资队伍，这需要教师具备创业实践经验以及良好的教育能力、更新意识和团队合作能力。只有这样，才能够为学生提供更好的创业教育服务，促进学生创新创业能力的培养。

五、加强与社会各界的合作

应用型高校需要加强与产业界、政府和社会组织的合作，实现校企合作、校政合作、校社合作等多种合作模式。这些合作模式可以为学生提供更好的创业机会和实践平台，促进产学研合作，推动科技成果转化和应用。

（一）为学生提供更好的创业机会和实践平台

通过与企业合作，应用型高校可以为学生提供更多的创业机会和实践平台。这些机会可以让学生接触实际的商业环境，从而学会如何运营企业、如何开拓市场等。

（二）促进产学研合作

应用型高校可以与产业界合作，共同开展科研项目。这种合作可以促进产学研合作，使科研成果更好地应用于实践中，同时也可以让企业了解学校的科研实力，为企业的研发提供支持。

（三）推动科技成果转化和应用

应用型高校可以通过与企业合作，将学校的科技成果转化为实际的产品和服务，从而推动科技成果的应用。这种合作可以让学生参与到科技成果的转化和应用过程中，提高他们的创新能力和实践能力。

（四）促进产业发展

应用型高校与政府和社会组织合作，可以为当地产业发展提供支持。这种合作可以让学校了解当地的产业需求，为当地产业提供人才、技术等方面的支持，促进产业发展。

应用型高校与产业界、政府和社会组织的合作是非常重要的。这种合作可以为学生提供更好的创业机会和实践平台，促进产学研合作，推动科技成果转化和应用，促进产业发展。因此，应用型高校应该加强与外部各方的合作，建立良好的合作关系，共同推动各自的发展。

应用型高校创业教育的创新发展有赖于不断创新教学方法、优化课程设置、建设多元化实践平台、优化师资队伍和加强与社会各界的合作。只有这样，才能真正提高创业教育的质量和强化创业教育的效果，为学生创业和社会经济发展提供更好的支持和服务。

第三节　创新案例分享和经验总结

创业教育在应用型高校中越来越受到重视，越来越多的学生开始关注创业，并积极参与创业活动。在这一背景下，如何提高创业教育的质量，促进学生的创新能力和创业实践能力的提高，是一个重要的问题。

本节将分享一些应用型高校创业教育的创新案例，并总结经验教训，希望能为创业教育的发展提供一些启示和帮助。通过这些案例，我们可以看到，创业教育的核心在于培育学生的创新思维和实践能力，同时还需要关注市场需求和技术发展趋势，以及与产业界的合作和互动。

一、创新案例分享

随着社会经济的发展和科技的进步，创业已成为许多人实现自我价值、追求梦想的途径之一。为了培养更多具有创新精神和实践能力的创业人才，应用型高校创业教育也在不断创新发展。本部分将分享一些应用型高校创业教育的创新案例，探讨创业教育在培养创业人才方面的作用和未来发展趋势。

以下是一些应用型高校创业教育的创新案例。

黄河科技学院围绕一流应用技术大学建设目标，坚持创新引领，充分集聚政府、企业、高校资源，构建集资源共享、信息共享、技术共享、品牌共享、共享共赢的创新创业教育共享平台。学校已建成"创客工作室—创客工厂—众创空间—孵化器—加速器"全链条创新创业孵化体系，打造了"综合服务、技术服务、金融服务、创新创业教育、交流合作"五大平台，全面服务大学生创业者和中小微企业创新创业，培养出了首届"河南省大学创新创业标兵"第一名等优秀学生创业典型。2014 年，学校创新创业教改成果《民办高校应用型人才培养模式创新与实践》先后荣获河南省高等教育教学成果特等奖、国家教学成果二等奖；学校入选"全国高校毕业生就业工作 50 强"。2015 年，学校的"黄河众创空间"被科技部门认定为全国首批众创空间。2016 年，学校的大学科技园被认定为国家科技企业孵化器，入选首批"全国高校创新创业工作 50 强"，荣获全国首批"深化创新创业教育改革示范高校"称号。2017 年，学校的创业园荣获首批"全国大学生创业示范园"称号。2018 年，学校举办了"中国创新创业教育研究院"成立开幕式暨首届"创新创业教育黄河论坛"。

内蒙古大学创业学院构建"双创"教育生态链，着力打造"双创"教育平台。学校主动适应经济发展新常态和国家创新驱动发展战略对人才培养的新需要，按照"点燃创新创业火种、激发创新创业热情、营造创新创业氛围、培养创新创业人才"的工作思路和目标，统筹决策、协调、推动学院创新创业教育体系建设，以深化创新创业教育改革为突破口，以提高人才培养质量为核心，以培养创新精神、创业意识和提升创新创业能力为重点，以创新创业实践训练为特色，以创新学分、"双创"基金为抓手，以科技创新、创业孵化、文化引领为载体，以完善的条件和制度为支撑，形成"教学深化—科研辅助—以赛促创—服务支持—文化引领"五位一体的创新创业工作体系，营造了扎实且广阔的创新创业空间和沃土，取得了一定成效。

144

山东协和学院全面启动"应用型大学人才培养模式改革",将创新精神、创业意识和实践能力列为人才培养目标,提出"全域创新创业教育"理念,完善协同育人机制,整合校内外资源,重构创新创业课程体系,改革教学方法,使创新创业教育成为专业教育的价值导向和专业培养目标的重要实现途径,构建了"观念引领,内融外协,全程帮扶"应用型大学创新创业教育体系。学校学生"双创"平均参与率达 6.2%,累计孵化创业项目 182 项,创办公司 58 家。学生在国家和省级"双创"大赛中获奖 714 项,获专利 201 项;获国家级大学生创新创业训练计划项目 621 项。

泉州信息工程学院坚持技术技能型人才培养定位,从顶层设计、运行机制、平台建设、实施载体、体系构建五个方面系统地提出应用型人才培养"12355"创新创业教育改革实施方案。其中,"1"是以强化技术技能型人才培养质量为核心;"2"是建立"校内协同实施"和"校外协同培养"两个机制;"3"是搭建创新创业课程、实践和孵化三个平台;第一个"5"是指"双创"教育手段课堂教学、实践训练、技能竞赛、实务操作、社团活动五位一体;第二个"5"是指融合了创新创业教育的课程体系、教学体系、孵化体系、文化体系和保障体系五大体系。"12355"创新创业教育实施方案推动创新创业教育与专业教育、创新创业实践与科技服务、创新文化与校园文化、创新创业与就业指导有机融合。该"双创"教育改革方案经过 6 年的运行与检验日臻完善,取得了显著成效。通过创新创业教育训练的学生有 8000 多名,学生的创新意识、创业思维和创新创业能力得到加强和提升,获得用人单位好评,毕业生就业率均保持在 98% 以上。

武汉东湖学院自 2014 年全面开展创新创业教育改革以来,学校领导高度重视创新创业教育的顶层设计,在创新创业改革实践中归纳总结出创新创业教育的"东湖模式"(创新引领创业、依托专业创业、围绕市场创业),将创新创业的课程体系和实践教学体系建设作为重要抓手,不断努力探索将创新创业教育融入人才培养的全过程,逐渐形成了以"6+X"的创新创业课程体系(6 门全校性创新创业必修课加多门专业性创新创业选修课)为"面",以学术科技竞赛、创新创业训练计划等创新创业实践教学体系为"线",以优秀的创新项目和创业团队入驻创新创业基地进行进一步精准孵化为"点"的,"点、线、面"结合的创新创业教育体系。

西安外事学院将创新创业教育作为学校的办学特色之一,于 2009 年成立了西北首家实体建制的创业学院,实施了以"四大计划"为主体的"双创"教育建设工程。"雏鹰计划"开启了校内学生"双创"之旅;"翱翔计划"是对毕业三年内的创业学生进行帮扶;"归巢计划"是创业成功校友反哺母校,帮扶学生创业;"创云计划"是将海内外知名高校创业教育资源、创投基金、创业孵化器、知名企业、政府等创业生态链资源进行整合,形成共享、共创、共赢的良好战略合作关系。在此基础上形成了独具特色的"一二三四五六"双创教育体系,即一个核心、两个培养体系、三个着眼点、四个融合、五位联动创业孵化链、六个建设平台。已有6万多名学生接受了"双创"教育,实现了"双创"教育在人才培养过程中的全覆盖。

创新创业教育不仅是高等教育内涵式发展的需求,也是应用型高校发展的必经之路。应用型高校必须探索出一条适合本校发展的创新创业教育模式路径,也就是要将与创业相关的多门课程紧密联系,并结合各专业形成完整的创新创业教育课堂教学环节,建立健全的面向社会和企业的创业教育实践教学环节。

以上是一些应用型高校创业教育的创新案例,它们通过提供创业资源和支持,帮助学生将创意转化为商业价值,并培养学生的创业能力和创新精神。这些项目不仅有利于学生的个人发展,也为社会和经济的发展做出了贡献。

二、创新经验总结

随着社会的不断发展和变化,创业已经成为许多人追求成功的一种途径。应用型高校作为聚焦实践、注重技能培养的高等教育机构,也在逐渐加强对创业教育的关注和支持。在应用型高校中,如何创新创业教育,为学生提供更多元化、实践化的教育经验,已经成为一个值得探索和总结的课题。

应用型高校创业教育创新经验总结为如下方面。

(一)建立创业导师团队

创业导师团队应该由来自不同领域、有丰富创业经验的人员组成,他们能够为学生提供多种实用的指导和建议。

来自不同领域的导师可以为学生提供多样化的建议和指导。不同领域的专业知识和经验可以为创业者提供不同的视角和思路,从而帮助创业者在创业过程中更好地思考问题、解决问题。丰富的创业经验可以为创业者提供实用的建议和指导。创业导师团队中应该有一些创业成功的人员,他们可以分享经验和教训,帮助创业者归避一些常见的创业错误。导师团队可以为创业者提供全方位的指导和支持。在创业过程中，创业者会遇到很多不同的问题和挑战，创业导师团队可以为创业者提供从市场营销到融资等各个方面的指导和支持，帮助创业者应对各种挑战。导师团队可以为创业者提供有价值的资源。导师团队中的成员通常都有广泛的人脉和资源，他们可以为创业者提供有价值的联系和资源，帮助他们更好地发展和成长。

创业导师团队的组成应该尽可能多样化，以便为创业者提供更全面、更有价值的指导和支持。创业导师团队应该包括来自不同领域、有丰富创业经验的人员，他们可以为创业者提供实用的建议和指导，帮助他们在创业过程中更好地发展和成长。

（二）打造创业孵化平台

应用型高校创业教育的发展离不开创业孵化平台的支持，因而打造创业孵化平台是创业教育创新的关键。应用型高校创业教育需要明确自身的发展定位和目标。比如，是要打造一个面向全校的创业孵化平台，还是专注于某个特定领域的创业孵化，或是要发展成为整个地区的创业生态系统等。定位和目标的明确有助于制定相应的发展策略和计划。

创业孵化平台需要有明确的组织架构和管理体系，以确保各项工作有序开展。这包括平台的领导团队、专业化的运营团队、导师团队、投资人和合作伙伴等。创业孵化平台需要为创业者提供各种创业资源和服务，如场地设施、创业培训、创业导师、专业咨询、投资对接等。这些资源和服务可以帮助创业者降低创业风险、提高创业成功率，同时也有助于提高创业者的整体素质和能力水平。

创业孵化平台还需要与社会各界建立合作关系，搭建起一个完整的创业生态系统。这包括与企业、政府、投资机构、孵化器、加速器、创业服务机构等建立合作关系，共同推进创业生态的发展。创业孵化平台需要引进优质创业项目和人才，通过评估和筛选，选择符合平台发展目标和定位的优秀项目和人才，为他们提供全方位的支持和服务，帮助他们实现创业梦想。

打造创业孵化平台是应用型高校创业教育创新的关键环节，应用型高校需要从多方面进行思考和规划。只有建立一个完善的创业孵化平台，才能真正促进创业教育的深入发展，提高学生的创新创业能力和实践能力，推动创业生态的良性循环。同时，随着社会的不断变化和创新创业环境的不断优化，创业孵化平台也需要不断创新和完善，以适应新的发展需求。

（三）创业训练营

创业训练营是应用型高校创业教育中的一种常见形式，它通过组织一系列创业活动和培训课程，帮助学生锻炼创新创业能力和实践能力，促进学生创业意识和创业素质的提升。

创业训练营的目标和定位需要与学校的创业教育目标和定位相匹配。具体来说，需要明确训练营的受众群体、培养目标、培训内容、培训时间和培训方式等，以确保训练营的针对性和有效性。创业训练营需要设计一系列的创业课程和活动，这些课程和活动应该具有系统性、实践性和针对性，以便学生可以真正掌握创业知识和技能。

创业训练营可邀请优秀的导师和嘉宾分享创业经验和成功案例，为学生提供实践指导和咨询服务。同时，导师和嘉宾还可以为学生提供投资机会和合作机会，帮助他们更好地实现创业梦想。创业训练营还应该提供创业实践机会，如组织创业比赛，创建创业实践基地、创业营地等。这些实践机会可以让学生更好地将所学知识应用到实际中，提高学生的实践能力和创业成功率。

创业训练营需要建立明确的组织架构和管理体系，以确保各项工作有序开展。这包括训练营的领导团队、专业化的运营团队、导师团队、投资人和合作伙伴等方面。

创业训练营需要打造自己的品牌和影响力，吸引更多学生和创业者参与其中，可以通过举办创业比赛、举办创业峰会、组织创业路演等活动来扩大影响力和宣传效果。

创业训练营还需要加强与校外资源的合作，如与企业、投资机构、创业孵化器等。这些合作关系可以为学生提供更多的创业机会和资源，同时也可以为训练营的发展提供更多的支持和帮助。创业训练营是应用型高校创业教育的重要组成部分，它能够帮助学生提高创业素质和实践能力，同时也有助于推动创业教育和创业生态的发展。应用型高校可以根据自身的实际情况和发展需求，不断创新和完善创业训练营，为学生提供更加全面和专业的创业教育服务。

（四）创业比赛

创业比赛是应用型高校创业教育的一种常见形式，它通过组织一系列创业比赛和评选活动，激发学生的创业热情和创新创业能力，提高学生的创业成功率。

创业比赛的目标和定位需要与学校的创业教育目标和定位相匹配。具体来说，需要明确比赛的主题、受众群体、评选标准、奖项设置等，以确保比赛的针对性和有效性。创业比赛需要设计一套完整的赛制和流程，包括报名、初赛、复赛、决赛等环节。这些环节应该有明确的规则和流程，以便学生可以根据规则和流程有序参加比赛，并不断提高自己的创新创业能力，积累实践经验。

创业比赛需要邀请优秀的评委和嘉宾，他们可以根据自己的经验和知识，为学生提供评审、指导和咨询服务。同时，评委和嘉宾还可以为学生提供投资机会和合作机会，帮助他们更好地实现创业梦想。

创业比赛还应该为学生提供创业实践机会，如为优秀的创业项目提供投资、孵化、加速等机会，为学生提供实践环境和创业平台。这些实践机会可以让学生更好地将所学知识应用到实际中，提高学生的实践能力和创业成功率。创业比赛需要打造自己的品牌和影响力，吸引更多学生和创业者参与其中，可以通过举办创业峰会、发布评选结果等活动来扩大影响力和宣传效果。

创业比赛需要建立明确的组织架构和管理体系，以确保各项工作有序开展。这包括比赛的领导团队、专业化的运营团队、评委团队、投资人和合作伙伴等方面。

创业比赛还需要加强与校外资源的合作，如与企业、投资机构、创业孵化器等。这些合作关系可以为学生提供更多的创业机会和资源，同时也可以为比赛的发展提供更多的支持和帮助。

创业比赛是应用型高校创业教育的重要组成部分，它能够激发学生的创新创业热情和能力，提高学生的创业成功率，同时也有助于推动创业教育和创业生态的发展。应用型高校可以根据自身的实际情况和发展需求，不断创新和完善创业比赛，为学生提供更加全面和专业的创业教育服务。

（五）联合创新

联合创新是应用型高校创业教育的一种创新经验，它通过学生、企业、政府等多方合作，促进产学研合作，加速科技成果转化，提升学生的创新创业能力。

联合创新的目标和定位需要与学校的创业教育目标和定位相匹配。具体来说，需要明确联合创新的主题、合作对象、合作内容、合作方式、合作成果等，以确保联合创新的针对性和有效性。联合创新需要建立产学研合作机制，以便学生可以与企业和科研机构进行深入合作，共同开展科技研发、技术转化、产品研发等活动。这种合作机制可以促进科技成果转化，加速产业升级，提高学生的实践能力和创新创业能力。

联合创新需要打造自己的品牌和影响力，吸引更多学生、企业和政府机构参与其中，可以通过举办创新创业大赛、开展创新创业项目、发布科技成果等活动来扩大影响力和宣传效果。联合创新还应该为学生提供实践机会，如开展技术咨询、产业考察、实践课程等活动，让学生能够深入了解企业和产业的发展现状和需求，将所学知识应用到实际中，从而提高学生的实践能力和创新创业成功率。联合创新需要加强与校外资源的合作，如与企业、投资机构、创业孵化器等合作。这些合作关系可以为学生提供更多的创业机会和资源，同时也可以为联合创新的发展提供更多的支持和帮助。

联合创新是应用型高校创业教育的重要组成部分，它能够促进产学研合作，加速科技成果转化，提高学生的创新创业能力。应用型高校可以根据自身的实际情况和发展需求，不断创新和完善联合创新模式，为学生提供更加全面和专业的创业教育服务。

（六）创设创业课程

创设创业课程是应用型高校创业教育的一种创新经验，它通过创设一系列创业课程和实践教学活动，帮助学生提高创业素质、实践能力和创新能力。

创业课程的目标和定位需要与学校的创业教育目标和定位相匹配。具体来说，需要明确创业课程的主题、受众群体、课程设置、教学方法等，以确保创业课程的针对性和有效性。创业课程需要具备一套完整的课程体系和课程内容，包括创业概论、创业管理、创新创业、创业融资、创业实践等方面。这些课程需要根据学生的实际需求和创业发展趋势进行设计，以便学生可以系统地学习和掌握创业知识及技能。

创业课程需要采用多种教学方法，如案例分析、模拟实践、团队合作、开展创业项目等，以提高学生的创业实践能力和创新创业意识；同时，还需要注重学生的自主学习和实践能力，激发学生的创业热情和创新潜能。创业课程还应该为学生提供创业实践机会，如参与创业项目、进入创业训练营等活动，让学生能够将所学知识应用到实际中，提高学生的实践能力和创业成功率。

创业课程需要邀请优秀的嘉宾和企业家，他们可以为学生提供创业经验和实践指导，同时也可以为学生提供创业资源和合作机会，帮助其更好地实现创业。创业课程还需要加强与校外资源的合作，如与企业、投资机构等合作。这些合作关系可以为学生提供更多的创业机会和资源，同时也可以为创业课程的发展提供更多的支持和帮助。

创业课程需要建立明确的组织架构和管理体系，以确保各项工作有序开展。这包括课程领导团队、专业化的教学团队、企业家和投资人等方面。创业课程需要加强评估和改进，以确保创业课程的质量和效果。应用型高校可以通过教学评估、学生评估、课程改进等方式，不断提高创业课程的教学水平、强化实践效果。

创设创业课程是应用型高校创业教育的一种重要方式，它能够帮助学生提高创业素质和实践能力，培养创业意识和创新能力，推动创业教育的深入发展。应用型高校可以根据自身的实际情况和发展需求，不断创新和完善创业课程，为学生提供更加全面和专业的创业教育服务。

（七）实践课程

应用型高校创业教育的核心目标是培养学生的创新意识、创新能力，使其具备创业精神，让他们能够在未来的职业生涯中成功地创业或从事创新型工作。为实现这一目标，实践课程成为应用型高校创业教育中非常重要的一部分。

创业基础课程是应用型高校创业教育中最基础的实践课程。这些课程通常包括创业概念、商业模式、市场营销、财务管理等方面的内容。学生在这些课程中将学习如何开展一项创业计划，包括如何撰写商业计划书、如何确定目标市场和目标用户等。

创业实践课程是应用型高校创业教育中最重要的实践课程之一。创业实践课程通常由学生自己组成团队，通过从事真正的创业项目来完成。这些项目可以是学生自己想出的，也可以是源自企业或社会组织的实际需求。在这些课程中，学生将学习如何面对实际情况、如何协作解决问题、如何领导团队等实践技能。

创新设计课程旨在培养学生的创新思维和创造力。这些课程通常包括创意激发、产品设计等方面的内容。学生在这些课程中将学习如何从用户需求中发现创新点、如何运用设计思维解决实际问题、如何进行产品设计等。

创业沙盘模拟课程是一种虚拟实践课程，旨在让学生在虚拟环境中体验真正的创业过程。这些课程通常包括团队协作、商业计划书编写、投资融资等方面的内容。学生在这些课程中将学习如何在真正的创业环境中撰写商业计划书、如何协作解决问题、如何进行投资融资等。

实践课程是应用型高校创业教育中不可或缺的部分。通过实践课程，学生可以获得更为深入、更为全面的创业教育，真正体验创业的过程。同时，实践课程也为学生提供了一个实践平台，让学生在课程中获得创新创业的实际经验，增强其职业竞争力。

应用型高校创业教育需要建立完善的创业导师团队、创业孵化平台、创业训练营、创业比赛、联合创新等机制，为学生提供丰富的创业机会和资源，培育学生的创新、创业、创造精神和实践能力。

第六章

应用型高校创业教育的未来展望

应用型高校创业教育是当前高校创新创业教育的重要组成部分，对于培养创新创业人才、推动经济发展、提高高校的社会影响力具有重要作用。在实践过程中，应用型高校创业教育面临着众多挑战和机遇，需要不断探索和实践。本章将结合前面部分的论述，针对应用型高校创业教育实践路径进行研究，并在对一些成果进行总结的同时，提出展望。

第一节　应用型高校创业教育的研究成果总结和启示

应用型高校创业教育实践路径的研究成果和建议为我们提供了宝贵的经验和指导，为创业教育的未来发展提供了重要的借鉴。通过对创业教育实践路径的深入研究和实践探索，我们可以得出一些重要的结论和启示，以提高创业教育的质量。以下是对应用型高校创业教育实践路径研究成果的总结，为创业教育实践的改进和创新提供指导。

一、应用型高校创业教育实践路径的研究成果

应用型高校创业教育实践路径的研究成果为我们提供了宝贵的经验，对于推动创业教育的发展具有重要的意义。通过深入研究和实践探索，我们已经取得了一系列令人鼓舞的成果，这些成果对于指导高校创业教育实践的改进和创新具有重要的参考价值。

创新创业教育的重心和根本任务在于"育人"，只有进行全方位、多维度、深层次的推进，构建合理的实施路径，才能取得良好的成效。

（一）树立先进教育理念

要推动大学生创新创业教育的发展，应该倡导一种全新的教育理念，将人才培养与社会服务、知识创新和文化传承相融合。应用型高校应该构建以创新创业素质教育为核心的教育观，针对不同年级和专业特点开展多样化的大学生创新创业教育课程。教学应该贯穿案例讨论式、参与体验式、灵活启发式等多种教学形式，以提高学生的学习效果和兴趣。同时，创新创业导师应该具备运用大数据技术的能力，通过多种方式和途径的教学活动，为学生提供优质的教育资源。这样可以促进大学生的综合素质和实践能力的提高，提高创新创业教育的教学质量。

（二）融合师资队伍

高校的师资队伍质量对人才培养质量有直接影响。因此，应用型高校高度重视专职教师队伍建设，选拔优秀教师作为创新创业教师，并鼓励其到企业中锻炼，体验创业过程。同时，应用型高校还聘请投资者、企业家和校友等拥有丰富创业和从业经验的人员，担任"双创"导师，进入课堂为大学生开设专题讲座，以提高"双创"导师的教学能力和专业水平。这样的"双创"导师可以结合自身的创业经验，为学生提供更科学、可行的指导，激发和鼓舞在校大学生的创业热情和动力。这些措施可以提高应用型高校创新创业教育的教学质量。

（三）完善激励机制

为了促进应用型高校创新创业教育的发展，应用型高校需要完善创新创业激励机制，建立健全教师年度考核、教学评价和职称评定等评价体系，并出台多元化的激励、支持和保障等方面管理制度，充分发挥"双创"导师的主观能动性。同时，

应用型高校还应该为教师提供培训、进修和深造的机会，完善"双创"导师指导创新创业项目和创业就业竞赛的激励措施，对表现突出的学生团队或个人，给予相应的学分、奖金等形式的奖励，以激发师生参加竞赛的主动性和积极性。这样可以提高教师的教学能力和专业水平，激发学生的创业热情和动力，促进应用型高校创新创业教育的全面发展。

（四）健全课程体系

应用型高校注重学科专业发展，并以此为基础和支撑，积极培育学生的创新创业意识，鼓励大学生探索多种就业渠道。课程设计和开设，将创新创业元素融入课程体系，使学生深刻认识到创新创业是时代发展的必然趋势。同时，应用型高校将创新创业教育理念融入课程体系，有意识地引导大学生收集、发现、挖掘与专业知识相关的创新创业内容，从而激发学生内在的驱动力。这样，学生可以更好地得到创新创业素质方面的培养，同时也能在专业领域中拓展自己的视野和职业发展空间。

（五）聚焦教育资源

创新创业教育的最终目的是培育学生创新创业的思维和能力，为其未来的职业发展打下基础。应用型高校应该将学生的职业规划和创业意识融入整个教育体系，并通过课程设置、实践教学、竞赛活动等形式，提高学生的创新创业能力、积累实践经验。同时，应用型高校应该加强与企业、政府等社会力量的合作，为学生提供更广阔的创新创业平台。政府应该加大对创新创业教育的支持力度，为应用型高校提供更多的政策和资金支持，推动创新创业教育与社会经济发展相结合，实现共赢发展。

（六）促进科研成果转化

应用型高校注重提高学生的实践能力，并采用积极搭建实践创新创业平台、推动资源与产业结合等方式，与企业探索产学研合作新模式，促进科研成果的进一步转化与应用。在此过程中，应用型高校设立科技成果转化办公室，关注政府出台的相关政策与法律，推进创新技术成果转化为商品并投入市场。应用型高校正在培养具备创新创业意识和实践能力的高素质人才，为社会发展和经济建设做出贡献。

应用型高校在培养新型创新创业人才方面承担着重要的角色和责任。创新创业教育是一项需要多个管理机构共同协作的系统性工程。应用型高校应该积极探索具有特色的创新创业教育，以"双创"教育为引导，满足不同行业的社会需求。此外，应用型高校还应该将思政元素纳入创新创业教育体系，并以培养符合社会建设和发展需求的高素质人才为基础。

二、应用型高校创业教育实践路径研究的启示

开展应用型高校创业教育实践路径研究为我们提供了宝贵的指导和启发，对于改进和优化创业教育实践具有重要意义。通过深入研究和实践探索，我们已经获得了一系列有益的启示，这些启示能够引导高校在创业教育实践中取得更好的效果和成果。

（一）创业教育实践应该贴近市场需求，关注社会实际问题

应用型高校在开展创业教育实践时，应该将市场需求和社会实际问题作为重要的指导方向，鼓励学生寻找并解决实际问题。这样不仅可以提高创业教育的针对性和实用性，还可以为社会创造更多价值。

市场需求是创业成功的重要因素之一。学生需要了解市场需求的变化和趋势，找到市场空缺，从而寻找新的商业机会。通过了解市场需求，学生可以更好地开发新产品或服务，满足市场的需求，提高创业的成功率。

社会实际问题也是创业教育实践的重要方向。社会实际问题包括社会经济、文化、环保、科技、教育等方面的问题。要解决这些问题需要创新和谋划解决方案，为社会创造更多的价值。学生应该通过调研、实践、交流等方式了解社会实际问题，寻找解决方案，从而开展相关的创业项目。

将市场需求和社会实际问题作为创业教育实践的指导方向，不仅可以提高创业教育实践的针对性和实用性，还可以为社会创造更多价值。此外，这也可以帮助学生更好地了解社会和市场，提高其社会责任感和创新能力。因此，在创业教育实践中，应用型高校应该将市场需求和社会实际问题作为一个重要的引领方向，为学生提供更好的创业支持和指导。

（二）创业教育实践应该注重培养学生的实践能力

创业教育实践是一种基于实践的教学方式，其目的是培养学生的实践能力和创新能力，让学生通过实践了解创业过程、积累经验。因此，创业教育实践不仅应注重理论学习，更需要开展实践操作。

实践操作可以帮助学生积累实践经验。在创业教育实践中，学生体验完整的、

真实的创业流程，可以帮助其更好地理解创业过程，同时也可以让他们更深入地了解市场需求和客户反馈。通过实践操作，学生可以积累更多的实践经验，提高实践能力和创业成功的概率。

实践操作可以帮助学生更好地理解理论知识。在创业教育实践中，学生需要将理论知识应用于实践操作，这可以让他们更好地理解和掌握理论知识，同时也可以让他们更深入地了解市场需求和客户反馈。通过实践操作，学生可以更好地理解和掌握理论知识，强化学习效果和提高创业能力。

实践操作可以增强学生的自信心。在创业教育实践中，学生需要面对各种挑战和风险，这可以提高他们的应变能力和创新能力。通过实践操作，学生可以更好地了解创业过程，增强自己的创业意识和创新能力。

（三）创业教育实践应该注重创新和创造

创新和创造能力是创业教育实践中非常重要的一部分。创业教育不仅要教授学生如何开展业务，还应该鼓励学生思考新的商业模式、产品设计和市场推广策略等，培养他们的创新和创造能力，从而提高学生的创造力和竞争力。

创新和创造能力可以帮助学生更好地开拓市场。市场竞争激烈，仅仅有好的产品或服务是不够的，还需要创新的商业模式和推广策略。培养学生的创新和创造能力，可以帮助他们开发出更有竞争力的产品或服务，同时也可以让他们更好地应对市场变化和需求。

创新和创造能力可以帮助学生更好地应对风险和挑战。学生在创业过程中会面临各种风险和挑战，需要有创新和创造能力才能够应对。培养学生的创新和创造能力，可以帮助他们更好地应对风险和挑战，提高应变能力和创新能力。

创新和创造能力可以帮助学生更好地适应未来社会的发展。随着社会的快速发展和变化，创新和创造能力已经成为未来社会的核心竞争力之一。培养学生的创新和创造能力，可以让他们更好地适应未来社会的发展，提高竞争力和就业能力。

（四）创业教育实践应该注重团队协作

创业是一项需要多方面技能和资源的复杂任务，因而创业团队协作是成功的关键。应用型高校在开展创业教育实践时，鼓励学生以小组形式进行项目开发和推广，可以帮助他们了解各种角色的职责、培养协作能力，同时也可以促进学生之间的交流和合作。

团队协作可以让学生了解各种角色的职责。在创业过程中，团队成员通常会承担不同的职责，如市场调研、产品开发、营销推广、财务管理等。学生在团队中会接触不同角色，并从中了解不同角色的工作职责、技能要求和重要性，这有助于他们了解创业过程中各个方面的挑战和机会。

团队协作可以培养学生的协作能力。在团队中，学生需要相互合作、协商、沟通和解决问题，这些都是创业中不可或缺。通过团队协作，学生可以学习如何建立有效的沟通和协调机制、如何处理团队内部的分歧和冲突、如何发挥各自的优势和克服不足，从而更好地完成创业任务。

团队协作可以促进学生之间的交流和合作。在团队中，学生需要与其他成员共同努力、相互支持，从而实现项目的成功。这种合作可以帮助学生建立起互相信任、理解和尊重的关系，增强团队凝聚力和信任感，为学生未来的创业生涯奠定良好的基础。

（五）创业教育实践应该注重持续创新和完善

创业教育实践是培养创新创业人才的关键途径。然而，随着经济和社会的快速发展，创业环境和创业方式也在不断变化。因此，学校应该注重对创业教育实践课程和教学方法的改进和更新，以适应当前创业环境的变化，更好地培养创业人才。

学校应该不断地更新和完善创业教育实践课程。这需要学校与行业合作，了解当前的创业趋势和行业需求，并根据这些信息更新和改进课程内容。此外，学校还应该鼓励学生参加创业竞赛和创业实践项目，以加深学生对创业实践的理解并帮助学生积累实践经验。

教师也应该不断更新自己的知识和技能，以更好地指导学生进行创业教育实践。教师可以参加相关的培训课程，了解最新的创业教育实践方法和工具，同时也可以与企业家和行业专家进行交流，获取实践经验和行业动态信息。此外，教师还可以通过自己的创业经历，为学生提供更具针对性的指导和支持。

学校和教师还应该注重创业教育实践的评估和反思。评估可以帮助学校和教师了解创业教育实践的成效和存在的问题，进而使其根据这些反馈进行调整和改进。同时，学校和教师也需要进行反思，不断总结和积累教学经验，进一步完善创业教育实践的教学模式和方法。

（六）创业教育实践应该注重资源整合

应用型高校在开展创业教育实践时，应该充分利用校内外的各种资源，如人才、资金、技术、市场等，为学生提供更全面、丰富的创业支持。同时，学校应该与企业、政府等合作，建立多方合作的创业教育实践平台。

人才资源是创业教育的重要支撑。学校应该鼓励有创业梦想的学生参加各种创业比赛、创业训练营等，增强他们的创业意识和创业能力。此外，学校也应该邀请成功创业者、创投机构等创业领域的专家来校，给予学生以实战指导。同时，学校还可以通过与企业、政府等合作，为学生提供实习和就业机会，让他们更好地了解市场和行业，为创业打下基础。

资金资源是创业教育中不可或缺的。学校应该积极引导学生了解各种创业基金、创业支持机构等，帮助他们获取创业资金。此外，学校还可以设立创业孵化器、创业加速器等机构，为学生提供场地、资金、法律等支持，帮助他们实现创业梦想。

技术资源是创业教育的重要支撑。学校可以建立技术创新中心、创客空间等，为学生提供创新创业所需的技术支持。此外，学校还可以与企业、科研院所等合作，开展技术转移、科研合作等活动，为学生提供技术支持和资源共享，帮助他们更好地实现创业梦想。

市场资源是创业教育中必不可少的因素。学校应该积极引导学生了解市场动态、行业趋势等，让他们了解市场的需求和机会。此外，学校还可以与企业、政府等合作，开展市场调研、商业计划书评审等活动，为学生提供市场分析和商业建议，帮助他们更好地把握商机。

创业教育实践需要学校与企业、政府等合作，建立多方合作的创业教育实践平台。建立这样的平台可以让学生更加全面地接触到实践中的资源和机会，同时也可以促进学校与社会各界的交流和合作。充分利用校内外的各种资源，建立多方合作的创业教育实践平台，为学生提供更全面、丰富的创业支持是非常重要的。只有这样，才能培养更多的创新创业人才，推动创新创业的健康发展，为社会的发展和进步做出贡献。

（七）创业教育实践应该注重评估和反思

应用型高校在开展创业教育实践时，建立科学的评估机制是非常重要的。通过评估学生的学习效果和创业成果，应用型高校可以及时发现创业教育实践中的问题并采取相应的改进方法，为学生提供更好的指导和建议。同时，定期对创业教育实践进行评估和反思，可以不断优化教学内容和方法，提高创业教育实践的质量和效果。

第一，建立科学的评估指标。创业教育实践的评估指标应该包括学生的创业思维、创业技能、创业行动等方面，同时还应该考虑学生的创业成果和社会贡献等方面。评估指标应该具有可衡量性和可操作性，这样便于评估和反馈学生的学习效果和创业成果。

第二，建立多元化的评估机制。创业教育实践的评估应该是多元化的，包括个人报告、团队报告、现场演示、面试、专家评审等多种形式。应用型高校通过不同形式的评估，可以全面地了解学生的学习效果和创业成果，提高评估的准确性和可信度。

第三，及时反馈学生的学习效果和创业成果。在评估完成后，应该及时向学生反馈评估结果，并提供建议和指导。通过及时反馈，应用型高校可以帮助学生更好地了解自己的优劣势和改进方向，提高学生的创业能力和竞争力。

建立科学的评估机制，及时反馈学生的学习效果和创业成果，定期对创业教育实践进行评估和反思，可以提高创业教育实践的质量和效果，为学生提供更好的创业支持，培养更多的创新创业人才。

（八）创业教育实践应该注重国际化

随着全球化的发展，国际化的创业教育实践已成为应用型高校的发展趋势。在这种趋势下，应用型高校应该鼓励学生参加国际创业活动和项目，拓宽视野，提高跨文化交流和合作能力。同时，应用型高校也应该加强国际化教育资源的整合和开发，提高学生的国际化创业竞争力。

第一，鼓励学生参加国际创业活动和项目。应用型高校可以组织学生参加国际创业大赛、创业训练营、海外实习等活动，让学生体验国际化创业实践，了解国际创业环境和趋势。通过这些活动，学生可以拓宽自己的国际视野，提高跨文化交流和合作能力，同时也可以增强自己的创业竞争力。

第二，加强国际化教育资源的整合和开发。应用型高校可以与海外高校、企业、创投机构等建立合作关系，开展创新创业的国际化合作项目。此外，应用型高校还可以开设国际化创业课程，邀请国内外的创业专家授课，为学生提供国际化的创业知识和技能。

第三，提高学生的语言和文化素养。作为国际化创业的重要基础，语言和文化素养非常重要。应用型高校可以加强对学生的外语语言教育，为其提供跨文化交流和合作的培训，提高学生的语言和文化素养，为他们的国际化创业提供有力的支持。

第四，建立国际化创业教育平台。应用型高校可以建立国际化创业教育平台，提供国际化创业资源、实践机会、合作平台等，为学生提供更好的国际化创业支持。平台可以整合海内外优质创业资源，为学生提供更广阔的创业视野和更多的创业机会，促进创业教育的国际化和专业化发展。

国际化的创业教育实践已成为应用型高校的发展趋势。应用型高校应该鼓励学生参加国际创业活动和项目，拓宽学生的视野，提高其跨文化交流和合作能力。同时，学校也应该加强国际化教育资源的整合和开发力度，提高学生的国际化创业竞争力。

应用型高校创业教育实践路径研究的启示涉及创业教育实践的多方面，包括市场需求、实践能力、创新和创造、团队协作、持续创新和完善、资源整合、评估和反思及国际化等。这些启示可以为应用型高校的创业教育实践提供指导和建议，促进创业教育实践的发展和进步。

第二节　应用型高校创业教育的研究不足和未来研究方向

应用型高校的创业教育实践已经成为推进高等教育创新创业教育改革的重要方向。但创业教育实践还存在一些问题和挑战。本节将对应用型高校创业教育实践路径的研究不足进行梳理和分析，同时展望未来的研究方向，以期为应用型高校创业教育实践的发展提供有益的参考和启示。

一、应用型高校创业教育实践路径的研究空白和不足

当前，对于应用型高校创业教育实践路径的研究还存在一些空白和不足之处，这限制了我们对该领域的全面理解和有效实践。以下是一些相关的不足之处。

（一）实践路径欠缺细化

目前的研究对于应用型高校创业教育实践路径的具体细化和操作性指导还较为欠缺。虽然已有一些理论框架和实践模式，但在实际应用中的具体步骤、方法和工具等方面的研究还需要进一步加强。

在应用型高校创业教育实践路径的研究中，许多研究者主要关注理论层面的探索，探讨创业教育的核心理念、教育目标和课程设置等方面。虽然这些理论框架对于指导创业教育实践具有一定的指导意义，但对于实际操作中的具体步骤和方法的描述较为有限。

实际上，在应用型高校创业教育实践中，学生在从理论到实践、从创意到商业化的过程中会面临各种具体问题和挑战。因此，为了帮助学生有效地进行创业实践，有必要进一步研究和细化创业教育实践路径。

具体而言，应该深入研究以下方面：

第一，创意发现和筛选：如何帮助学生进行创意发现、评估和筛选，以找到具有商业潜力的创业项目。

第二，商业模式设计：如何引导学生进行商业模式的设计和优化，包括市场分析、竞争分析、价值主张和盈利模式的确定等。

第三，资源整合和团队建设：如何帮助学生有效整合创业所需的资源，包括资金、人才、技术和市场渠道等，并培养学生的团队合作和领导能力。

第四，风险管理和问题解决：如何教导学生识别和管理创业过程中的风险，并为其提供解决问题的方法和工具。

第五，创业实施和监控：如何帮助学生有效实施创业计划，制定实施策略并进行项目监控和评估。

为了填补这些研究空白，应用型高校可以开展更多的实证研究，通过实践案例分析、跟踪调查和实验研究等方法，深入探索应用型高校创业教育实践路径中的具体步骤、方法和工具，为学生提供更具操作性的指导，使他们能够更好地应对创业实践中的挑战和问题。

此外，应用型高校可以借鉴企业孵化器和创业加速器等实践机构的经验和模式，将其应用于应用型高校创业教育实践路径的研究中。这些实践机构在创业支持和指导方面积累了丰富的经验，可以为研究提供宝贵的参考和借鉴。

同时，与实际创业社区、企业合作伙伴和相关行业专家的合作也是加强应用型高校创业教育实践路径研究的重要途径。通过与外部实践者的合作，应用型高校可以深入了解实践中的具体问题和实际需求，为学生提供更实用的指导和建议。

当前，对于应用型高校创业教育实践路径的研究尚存在一定的不足，尤其是在具体细化和操作性指导方面。未来的研究可以着重关注创意发现和筛选、商业模式设计、资源整合和团队建设、风险管理和问题解决、创业实施和监控等方面，借鉴实践机构的经验和与外部合作伙伴的合作，以期为应用型高校创业教育实践提供更具体、实用的路径指导。

（二）个性化路径的缺乏

应用型高校创业教育实践路径的研究往往没有针对学生个体的差异性进行深入探讨，而每个学生在创业实践中的需求、兴趣和能力却是不同的。因此，为了有效地培养学生的创业能力和实践能力，应用型高校需要有针对性地设计和提供个性化的创业教育实践路径。

个性化的创业教育实践路径应该充分考虑学生的兴趣和潜力。学生对不同领域和行业可能有不同的兴趣和追求，因而学校和教师应该通过调查和评估，了解学生的兴趣所在，为他们提供符合个人兴趣的创业教育实践机会。这可以包括提供不同专业方向的创业项目选择，为学生创造自主选择的空间。

个性化的创业教育实践路径应该根据学生的能力和背景量身定制。不同的学生具有不同的知识、技能和经验，因而高校在设计实践路径时应充分考虑学生的个人能力和背景，并提供相应的培训和支持。这可以包括提供专业知识的补充培训、技能训练的机会，以及个人导师或指导者的指导和辅导。

个性化的创业教育实践路径还应该注重学生的个人发展和特长的培养。创业不仅是一种商业活动，更是一种个人成长和发展。因此，教育者应该关注学生的个人特长和潜力，并提供相应的支持和机会，帮助他们在创业实践中发挥自己的优势。

个性化的创业教育实践路径应该提供多样化的学习方式和机会。不同学生对于学习的方式和环境有不同的偏好和需求。因此，教育者应该提供多样化的学习方式和机会，包括实践项目、实习经验、创业竞赛、行业交流等，以满足学生不同的学习需求和兴趣。

个性化的创业教育实践路径对于应用型高校学生的发展至关重要。应用型高校通过充分考虑学生的兴趣、能力和特长，提供个性化的创业教育实践路径，可以更好地激发学生的创业潜力和热情，提高他们的参与度并强化学习效果。

（三）效果评估的不充分

对于应用型高校创业教育实践路径的效果评估研究还相对不足。虽然一些研究已经开始关注学生在创业实践中的表现和成果，但对于实践路径对学生创新创业能力和实践能力的影响以及评价方法的探索还需要进一步深入。

评估应用型高校创业教育实践路径的效果对于改进教育模式、提升学生能力和促进创业实践的质量至关重要。然而，目前的研究还存在一些不足之处。

对于实践路径对学生创新创业能力的影响研究相对较少。虽然一些研究关注学生在创业实践中的成果和项目表现，但对于实践路径对学生的创新思维、问题解决能力和创业意识等方面的影响还需要更多的深入研究。

缺乏有效的评价方法和指标体系。由于创业教育实践具有多样性和复杂性，传统的评估方法往往无法全面准确地评估学生的创业能力和实践效果。因此，应用型高校需要开发和探索适用于自身创业教育实践路径评估的有效方法和指标体系，以量化和衡量学生的能力和成果。

长期跟踪和评估学生的创业实践过程和成果也是一个挑战。由于创业是一个动态的过程，学生在不同阶段可能面临不同的问题和变化。因此，应用型高校需要进行长期的跟踪研究，了解学生在创业实践中的发展和成长情况，以及实践路径对他们的影响。

为了弥补这些研究不足，应用型高校可以开展更多的实证研究，采用多种方法和数据收集工具，如问卷调查、访谈、观察和案例研究等，以全面地评估应用型高校创业教育实践路径的效果。同时，可以借鉴其他领域的评估研究经验，发展适用于创业教育实践的评估工具和指标体系，以提高评估的准确性和可行性。

（四）跨学科和跨界合作考虑不足

应用型高校创业教育实践路径的开辟涉及多学科的知识和跨界合作的能力，因为创业往往涉及不同领域知识和技能的综合运用。然而，现有研究对于如何有效整合跨学科资源、激发学生的创新思维和跨界合作能力的研究还相对有限。

第一，对于如何有效整合跨学科资源的研究略显不足。在应用型高校创业教育实践中，学生需要获取并整合来自不同学科领域的知识和资源，以解决复杂的创业问题。然而，目前的研究主要集中在单一学科的创业教育，对于整合跨学科资源的方法和策略缺乏系统性研究。因此，应用型高校需要进一步探索如何有效整合跨学科资源，为学生提供综合性的创业教育实践路径。

第二，对于如何激发学生的创新思维和跨界合作能力的研究还相对有限。创业需要学生具备创新思维和跨越学科边界进行合作的能力。然而，现有研究大多集中在传授创新和创业知识的层面，对于培养学生的创新思维和跨界合作能力的具体方法和策略缺乏深入研究。因此，应用型高校需要进一步研究如何设计和实施创业教育实践路径，以激发学生的创新思维、提升跨界合作能力。

为了解决这些问题，应用型高校可以开展多学科合作的研究，推动教育学、创业学、心理学等领域的专家进行合作，共同探索如何整合跨学科资源和培育学生的创新思维和跨界合作能力。同时，还可以借鉴跨学科研究的经验，发展适用于应用型高校创业教育实践的跨学科整合模型和方法论。此外，也可以通过创业实践项目和实际案例的引入，为学生提供跨界合作的机会、积累实践经验，从而培养他们的跨界合作能力。

在研究整合跨学科资源方面，应用型高校可以探索如何构建跨学科的教学团队，包括来自不同学科领域的教师和专家，共同设计和实施创业教育实践项目；同时，可以引入跨学科的教学方法和教学资源，鼓励学生在项目中运用不同学科的知识和技能，解决实际的创业问题。

对于激发学生的创新思维和跨界合作能力，应用型高校应注重培养学生的创造力和解决问题的能力，可以采用启发式教学方法，鼓励学生提出创新的想法和解决方案，并引导他们在团队合作中学习和借鉴不同学科的观点和方法。此外，还可以组织学生参与创业竞赛、创意展示等活动，为其提供实践的机会，促进学生创新创业思维的构建。

应用型高校创业教育实践路径涉及到学科的知识和跨界合作的能力，但目前的研究对于如何有效整合跨学科资源、激发学生的创新思维和跨界合作能力还相对有限。进一步深入研究和探索这些方面的问题，可以为应用型高校创业教育实践提供更加全面和有效的指导。需要指出的是，跨学科整合和创新能力的培养是一个长期的过程，需要教育者在课程设计和实施中注重培养学生的综合能力。同时，评价方法也需要进行相应调整，以充分考虑学生在创业实践中的跨学科表现和能力发展。

因此，未来的研究需要更加深入地关注应用型高校创业教育实践路径的细化和个性化，加强对实践路径的效果评估研究，探索跨学科和跨界合作的有效方式，以推动该领域的发展和完善。

二、未来发展方向和创新实践路径的构建

应用型高校创业教育实践路径未来的研究方向是推动创业教育持续创新和发展的重要课题。随着社会变革的加速和创新创业的不断演进，高校创业教育实践路径需要不断适应新的需求和挑战。为了更好地培养具备创业能力的人才，提供更丰富的实践机会和更有效的教育方法，未来的研究方向将成为应用型高校关注的焦点。

（一）建立科学完备的创业教育课程体系

应用型高校的创业教育课程体系建设需要考虑学生的实际需求和就业前景，以培养具有创新创业能力和实践能力的创业人才为目标，构建适合应用型高校特点的创业教育课程体系。它应该包括以下方面。

1.创业基础课程

创业基础课程是创业教育课程体系的核心。该课程应该包括创业概论、创意与创新、商业模式等内容，帮助学生了解创业的基本概念和理念，培养学生的创业意识和创业思维。

2.创业管理课程

创业管理课程是创业教育课程体系的重要组成部分。该课程应该包括创业战略、组织管理、人力资源管理等内容，旨在帮助学生了解创业过程中的各种管理问题，并使其掌握解决这些问题的方法和技能。

3.创业融资课程

创业融资课程是创业教育课程体系的关键环节。该课程应该包括创业投资、融资策略、风险管理等内容，旨在帮助学生了解创业融资的基本原理和方法，提高学生的融资能力。

4.创新设计课程

创新设计课程是创业教育课程体系的重要组成部分。该课程应该包括设计思维、产品设计、市场分析等内容，旨在帮助学生了解创业过程中的创新和设计问题，并使其掌握解决这些问题的方法和技能。

除了课程内容的设计，教学方式的创新也是创业教育课程体系建设的重要方面。未来研究需要探讨如何通过创新的教学方式和方法，激发学生的创业激情和创新思维，提高创业教育的实效性和针对性。例如，可以采用案例教学、项目式教学、创新创业竞赛等方式，将课堂教学和实践教学相结合，让学生在实践中学习、在学习中实践，提高学生的创业能力，使其积累实践经验。

应用型高校创业教育课程体系的建设需要考虑学生的实际需求和就业前景，以培养具有创新创业能力和实践能力的创业人才为目标，结合创新的教学方式和方法，与企业、创业者等社会资源进行深度融合，提高创业教育的实效性和针对性。

（二）为学生提供创业实践机会和平台

创业教育需要与实践相结合，为学生提供多样化的创业实践机会和平台，培养学生的实践能力。未来研究需要探讨如何与社会资源和企业进行深度融合，建立创业孵化器、创业基地、创业实验室等创业实践平台，让学生在实践中得到真实的创业经验，提高其创业成功率。

1. 与社会资源和企业进行深度融合

建立创业孵化器、创业基地、创业实验室等创业实践平台需要与社会资源和企业进行深度融合。未来研究需要探讨如何与企业和社会资源建立密切联系，引入外部专业团队和导师，为学生提供更多的实践机会和资源，让学生更好地了解市场需求、行业发展和创业环境，提高创业成功率。

2. 构建创业生态系统

创业教育需要构建创业生态系统，让学生在一个完整的生态系统中进行创业实践。未来研究需要探讨如何通过校内创业孵化器、创业基地、创业实验室等平台，搭建创业生态系统，引入各类创业资源、获得支持，包括人才、技术、市场等方面，提高学生的创业成功率。

3. 提供多样化的创业实践机会和平台

创业教育需要为学生提供多样化的创业实践机会和平台，让学生在不同的实践环境中获得创业经验。未来研究需要探讨如何通过多种方式，如创业比赛、创业实践项目、社会实践等方式，为学生提供多样化的创业实践机会和平台，让学生在实践中不断探索和总结，提高创业能力、积累实践经验。

4. 深入推动产学研结合

产学研结合是创业教育与实践相结合的重要手段，通过与产业和研究机构的深度合作，推动创业教育与实践相互促进。未来研究需要探讨如何与产业和研究机构建立长期稳定的合作关系，引入更多的产业资源和技术支持，为学生提供更多的实践机会和资源，推动学生将所学知识和技能应用到实践中去，不断提升创业实践能力和水平。

5.建立创业实践评价和监测机制

创业实践评价和监测机制是创业教育实践的重要保障，通过对学生的创业实践进行评价和监测，可以及时发现问题和不足，并及时调整和改进创业教育体系，提高创业教育的实效性和针对性。未来研究需要探讨如何建立科学合理的创业实践评价和监测机制，为创业教育提供科学、客观的评价指标和数据支持，提高创业教育的质量和效果。

未来研究需要探讨如何与社会资源和企业进行深度融合，建立创业孵化器、创业基地、创业实验室等创业实践平台，构建创业生态系统，提供多样化的创业实践机会和平台，推动产学研结合，采用创业实践评价和监测机制等措施，以培育学生的创业精神和实践能力为目标，不断提高学生的创业成功率和创业教育的实效性、针对性。

（三）深化创业教育与社会资源的融合

创业教育需要与社会资源深度融合，为学生提供更广泛的创业支持和帮助。未来研究需要探讨如何与企业、投资机构、创业者等社会资源进行深度合作，为学生提供创业导师、创业培训、创业投资等支持和帮助，增强学生的创业信心和创业能力。

1.与企业、投资机构等社会资源建立深度联系

创业教育需要与企业、投资机构等社会资源建立深度联系，为学生提供更多的创业支持和帮助。未来研究需要探讨如何与企业、投资机构等社会资源建立密切联系，搭建创业教育与社会资源的沟通平台，为学生提供更多的实践机会、创业导师、创业投资等支持和帮助，提高学生的创业成功率。

2.为学生提供创业培训

创业培训是创业教育的重要组成部分，可以帮助学生了解创业过程中的各种问题和挑战，并指导其掌握解决问题的方法和技能。未来研究需要探讨如何通过创业培训，为学生提供更系统和全面的创业知识和技能培训，包括市场分析、商业计划书撰写、融资技巧等方面，提高学生的创业成功率。

3. 为学生匹配创业导师

创业导师是创业教育的重要组成部分，可以帮助学生了解创业过程中的各种问题和挑战，并指导其掌握解决问题的方法和技能。未来研究需要探讨如何为学生提供合适的创业导师，为学生提供个性化的创业指导和支持，帮助学生制订切实可行的创业计划和策略，提高学生的创业成功率。

4. 为学生提供创业投资

创业投资是创业教育的重要组成部分，可以帮助学生将创意变为现实，并实现商业价值。未来研究需要探讨如何为学生提供创业投资，引导学生了解创业投资的基本原理和方法，为学生提供融资支持和创业投资，提高学生的创业成功率。

5. 为学生提供创业实践机会

创业实践机会是创业教育的重要组成部分，可以帮助学生了解创业过程中的各种问题和挑战，并使学生获得实践经验和技能。未来研究需要探讨如何为学生提供更多的创业实践机会，包括参加创业实践项目、创新创业比赛等，让学生在实践中不断总结和探索，提高创业能力和实践经验。

6. 为学生提供社会创业资源

创业教育需要为学生提供社会创业资源，包括创业数据、创业案例、创业网络等，让学生了解市场需求、行业发展和创业环境，增强学生的创业信心和创业能力。未来研究需要探讨如何通过多种方式，为学生提供更广泛的社会创业资源，提高学生的创业素养和实践能力。

未来研究需要探讨如何与企业、投资机构、创业者等社会资源进行深度合作，为学生提供更广泛的创业支持和帮助，包括创业导师、创业培训、创业投资等，增强学生的创业信心和创业能力。同时，需要为学生提供更多的创业实践机会，让学生在实践中不断总结和探索，提高创业能力、积累实践经验。

（四）持续优化创业教育的效果评估和监测机制

创业教育一直是高校教育改革的重要方向，对培养学生的创新精神和创业意识具有重要意义。然而，创业教育的效果评估和监测机制的缺失，往往导致创业教育存在一定的问题和局限性。因此，建立科学、有效的创业教育评估和监测机制，了解学生的创业发展情况，及时发现问题并进行调整，是持续优化创业教育的关键。

1. 建立科学、有效的创业教育评估和监测机制

建立科学、有效的创业教育评估和监测机制是推动创业教育质量提升和持续发

展的关键一步。随着创业教育在高校中重要性的不断凸显，确保其教学效果和学生发展的有效性变得至关重要。为了实现这一目标，高校需要建立一个科学、全面的评估和监测机制，为自身提供有针对性的改进意见和决策依据，以确保创业教育能够真正发挥潜力和价值。

（1）制定评估指标体系。建立科学、有效的创业教育评估和监测机制需要制定科学的评估指标体系。该指标体系应包括学生的创业意识、创新能力、商业模式设计能力、市场营销能力、团队协作能力等方面的评估指标。评估指标的制定需要充分考虑创业教育的特点和学生的实际情况，具有针对性和实用性。

（2）建立数据收集和分析机制。建立科学、有效的创业教育评估和监测机制还需要建立数据收集和分析机制。这需要建立完善的数据采集、整理和管理机制，利用现代信息技术手段，收集和分析学生在创业教育过程中产生的各类数据信息，如学生的课业表现、项目策划和执行情况、创业成果等；同时，还需要建立专业的数据分析师团队，对收集到的数据进行分析，为创业教育的改进提供数据支持。

（3）建立评估和监测机制。建立科学、有效的创业教育评估和监测机制有赖于建立专业的评估和监测机制。这可以通过建立专门的评估和监测小组来实现，小组可以由学校、行业协会、企业等组成。评估和监测小组可以定期对学生的创业教育进行评估和监测，及时发现问题并进行调整。

2.进一步提高创业教育的实效性和针对性

为了进一步提高创业教育的实效性和针对性，采用案例研究、经验总结等手段成为必要的途径。深入研究和分析成功创业案例，以及总结创业者的经验和教训，可以为创业教育提供宝贵的参考和实践指导。这种方法不仅能够激发学生的创业激情和创新思维，还能够帮助他们了解创业过程中的挑战和机遇，提高创业的成功率。

（1）案例研究。通过案例研究，高校可以深入了解创业教育的有效性和实际效果，可以对成功创业者的经验进行分析和总结，为学生提供具体的创业案例，帮助学生更好地理解创业过程并解决实际问题。同时，通过案例研究，高校也可以发现创业教育中存在的问题和不足之处，为创业教育的改进提供参考。

（2）经验总结。创业教育是一项实践性很强的教育，经验总结可以帮助学生更好地掌握实践技能。学校可以组织创业导师、成功创业者等人士来校进行经验交流，并将他们的经验进行总结和归纳，形成教材或者案例。通过这种方式，学生可以了解创业的全过程，从而更好地掌握创业技巧、积累经验，提高创业能力和创业成功率。

（五）培养跨界创新人才

跨界创新已成为新一轮科技革命和产业变革的重要趋势，未来研究需要探讨如何通过创业教育培养跨界创新人才，促进创新创业的跨越式发展。具体措施包括引导学生跨越学科、行业、地域等边界，提高学生的综合素质和创新能力，为社会和经济发展提供更多创新动力。

1.引导学生跨越学科、行业、地域等边界

引导学生跨越学科、行业、地域等边界已经成为应用型高校创业教育的重要任务。在当今快速变化的社会和经济环境中，传统的学科和行业边界逐渐模糊，而创新和创业往往发生在交叉学科和跨行业的领域。因此，培养学生具备跨学科、跨行业和跨地域的能力已经成为应用型高校创业教育的关键目标之一。

2.提高学生的综合素质和创新能力

提高学生的综合素质和创新能力是应用型高校创业教育的核心任务。随着社会发展的要求越来越高，学生不仅需要具备扎实的专业知识，还需要具备广泛的综合素质和创新能力，以应对复杂多变的现实挑战。因此，高校创业教育应该注重培养学生的综合素质，包括领导能力、团队合作能力、沟通能力、问题解决能力等，同时激发他们的创新思维和创业精神。

3.为社会和经济发展提供更多创新动力

为社会和经济发展提供更多创新动力已经成为当今时代的重要任务。创新是推动社会进步和经济增长的关键驱动力，而高校创业教育扮演着创新人才培养者的重要角色。通过激发学生的创新意识和创业精神，应用型高校能够为社会和经济的发展注入新的活力。

（六）开展国际化创业教育合作

创业教育需要与国际接轨，引入国际创业教育理念和实践经验，开展国际化创业教育合作。未来研究需要探讨如何借助国际资源和平台，开展创业教育国际化合作项目，拓宽学生的国际化视野，提高其跨文化交流能力，为学生创业和就业提供更广阔的发展空间。

1.借助国际资源和平台开展创业教育国际化合作项目

借助国际资源和平台开展创业教育国际化合作项目是应用型高校创业教育的重

要战略之一。在全球化的背景下，跨国合作和国际交流已经成为推动创业教育质量和影响力提升的关键途径。通过与国际合作伙伴建立紧密的联系和合作，高校能够为学生提供丰富多样的国际化学习和创业机会，拓宽他们的视野，培养跨文化交流和合作能力。

学校可以组织学生参加国际创业活动，如国际创业比赛、创业展览会等。这些活动可以帮助学生了解国际创业趋势和创业创新方向，拓宽学生的国际化视野和创业思路。

2. 拓宽学生的国际化视野并提高其跨文化交流能力

拓宽学生的国际化视野并提高其跨文化交流能力已经成为现代高等教育的重要任务。在全球化时代，国际化的视野和跨文化交流能力是学生成功的关键要素。应用型高校创业教育应该积极培养学生的国际化意识和能力，使他们能够适应全球化的竞争环境，并在跨文化交流中有优秀的表现。

学校可以为学生提供更多的国际化实践机会，如海外实习、海外创业实践等。这些实践机会可以让学生了解不同国家和地区的创业环境和文化，拓宽学生的国际化视野和创业思路。

3. 为学生创业和就业提供更广阔的发展空间

为学生创业和就业提供更广阔的发展空间是应用型高校创业教育的重要使命。随着社会经济的不断发展和竞争的加剧，学生面临着越来越多的挑战和机遇。因此，高校应该致力于培育学生的创业精神和创新能力，同时为他们提供更广阔的发展空间，使他们能够在创业和就业领域实现个人的成长和成功。

学校可以为学生提供国际化的创业支持服务，如国际化的创业咨询、国际化的创业孵化、国际化的创业投资等。这些支持服务可以帮助学生在国际化的创业和就业领域找到更多的机会和优势。

学校可以借助国际资源和平台开展创业教育国际化合作项目，同时也需要加强国际化创业教育课程的开设和国际化创业实践机会的提供，帮助学生更好地适应国际化的创业和就业环境。

未来研究需要从创业教育课程体系、创业实践机会、社会资源融合、效果评估和监测机制、跨界创新人才培养、国际化创业教育合作等方面展开深入研究，促进创业教育的持续发展和创新创业的繁荣。

172

第三节 应用型高校创业教育的未来发展趋势

随着社会经济的快速发展和科技的不断创新，应用型高校创业教育正面临着新的机遇和挑战。未来的发展趋势将呈现出一系列新的特点和方向。在这个充满活力和变革的时代，应用型高校需要不断适应和引领创新创业教育的未来，以更好地满足学生和社会的需求。以下是未来发展趋势的具体内容。

一、产业化趋势

随着市场经济的发展，各行各业对高端人才的需求不断增加。应用型高校创业教育作为培养高端人才的重要途径，必须更加注重产业对接，以满足社会对高端人才的需求。未来，应用型高校将进一步加强与各行业的联系，强化创业教育的实际效果。

应用型高校将更加注重产业对接。产业对接是创业教育与社会实践相结合的关键环节。未来，应用型高校将更加关注各行业的需求和市场趋势，与产业界建立更加紧密的联系，了解市场需求和人才需求，为学生提供更加实际、更具针对性的创业教育服务。

应用型高校将强化创业教育的实际效果。未来，应用型高校将以培养高素质、高能力的创新创业人才为目标，加强创新教育，引导学生在实践中探索、创新，提升学生的创业实际操作能力，让创业教育真正落地并产生实际效果。

应用型高校创业教育将更加注重产业对接，加强与各行业的联系，强化创业教育的实际效果，为社会培养更多、更好的高端人才。这样的创业教育模式，将使创业者拥有更为优质的创业教育资源、掌握更加实用的创业技能，为创新创业人才的培养奠定坚实的基础。

二、国际化趋势

随着全球化的不断深入，各国之间的经济、文化、教育交流越来越频繁，应用型高校创业教育也将更加注重国际化教育。未来，应用型高校将鼓励学生参与国际性的创业活动，提升学生的国际竞争力和创新能力。

应用型高校将鼓励学生参与国际性的创业活动。未来，应用型高校将组织学生参加国际性的创业比赛、创业论坛和创业实践项目，让学生有机会接触不同国家、不同文化背景的人才和项目，拓宽学生的国际视野和增强其跨文化交流能力。

应用型高校将提升学生的国际竞争力和创新能力。未来，应用型高校将通过国际化教育课程、实践项目和交流活动，提升学生的英语水平、跨文化交流能力和创新能力，培养具有国际竞争力的创新创业人才。

应用型高校将积极开展国际合作，提高国际化教育质量。未来，应用型高校将加强与国际高校、创业孵化器和企业的合作，共同开展创业教育项目，建立国际化的创新创业人才培养平台，促进全球高端人才的互联互通和交流合作。

三、多元化趋势

随着创新创业的不断发展和全球化竞争的不断加剧，应用型高校创业教育将更加注重多元化的课程设置和教学方式，以提供更加贴合学生需求的教学服务和培养方案，帮助学生更好地应对现代社会的挑战，并把握机遇。

在未来，应用型高校创业教育将更加注重培育学生的实践能力和创新思维，为此，多元化的课程设置和教学方式是至关重要的。例如，线上教学将成为创业教育的重要形式之一，成为更加灵活、便捷的学习方式，帮助学生随时随地学习，提高学生的学习积极性。此外，工作坊也是一种常用的教学方式，可以为学生提供实践和团队合作机会，帮助学生更好地掌握创业技能、构建创新思维。

另外，应用型高校创业教育在未来将更加注重提供贴合学生需求的教学服务和培养方案。例如，应用型高校创业教育可以根据学生的兴趣爱好和专业特长，提供个性化的培养方案，帮助学生在创业领域发挥自己的优势。同时，应用型高校创业教育还可以与产业界合作，为学生提供更具实践性的教学服务，帮助其更好地了解市场需求和行业趋势，从而更好地谋划自己的创业之路。

应用型高校创业教育也将更加注重多元化的课程设置和教学方式，提供更加贴合学生需求的教学服务和培养方案，帮助学生更好地适应现代社会的挑战和机遇。

四、创新科技趋势

应用型高校创业教育将更加注重创新科技的应用，如人工智能、大数据、元宇宙等，旨在培养学生的科技创新能力和信息技术应用能力。

应用型高校创业教育将更加注重人工智能的应用。人工智能已经成为当今世界热门的科技领域之一。在未来，应用型高校创业教育应该加强对人工智能相关方向的培训，培养学生在人工智能方向的创新能力和应用能力，帮助学生更好地掌握人工智能技术，将其应用于创业和商业领域，为未来的职业发展打下坚实的基础。

应用型高校创业教育还将更加注重大数据的应用。随着大数据技术的发展，数据已成为当今商业活动中不可或缺的重要资源。在未来，应用型高校创业教育应该注重培养学生的数据分析和数据处理能力，帮助学生更好地理解和应用大数据技术，为学生未来的创业和职业发展提供更多的机会和可能性。

五、履行社会责任

应用型高校创业教育将更加注重社会责任教育，鼓励学生关注社会热点问题和公益事业，培育学生的社会责任感和公民意识。随着社会的发展，越来越多的人开始意识到社会责任教育的重要性。应用型高校创业教育将更加注重社会责任教育，以鼓励学生关注社会热点问题和公益事业，培育学生的社会责任感和公民意识。以下是几个方面的论述。

应用型高校创业教育将更加注重社会责任教育的原因是社会的需求。随着社会的发展，人们越来越注重企业的社会责任。在这种背景下，应用型高校创业教育将更加注重社会责任教育，使他们成为有社会责任感的创业者。

应用型高校创业教育将更加注重社会责任教育是因为它对学生的职业发展有益。现代企业不仅需要有技术和管理能力的人才，还需要有社会责任感和公民意识的人才。应用型高校创业教育更加注重社会责任教育，可以帮助学生在职业生涯中更好地应对社会责任和公益事业方面的挑战，提高他们的职业竞争力。

应用型高校创业教育将更加注重社会责任教育是因为它可以为社会做出贡献。创业教育不仅是为了让学生创业成功，更重要的是要让学生成为社会的贡献者。应用型高校创业教育将更加注重社会责任教育，可以培养学生关注社会问题、了解社会需求、掌握社会技能，为社会做出更多的贡献。

应用型高校创业教育将更加注重社会责任教育是因为它可以促进学生的全面发展。创业教育不局限于传授技能和知识，更重要的是能够提升学生的素质。应用型高校创业教育将更加注重社会责任教育，帮助学生增强社会责任感、提高公民素质、增强创新能力和团队合作能力等，应用型高校创业教育注重社会责任教育的实现方式包括以下方面。

创业课程设置需要更加注重社会责任教育。学校可以将社会责任教育融入创业课程的多方面，如设置社会责任课程、公益创业课程等，让学生了解社会热点问题和公益事业，并通过实践掌握相应的技能和知识。

学校可以鼓励学生参与社会公益活动。学校可以组织学生参加各种社会公益活动，如做义工、捐赠等活动，让学生体会社会责任和公民意识的重要性，同时也可以提高学生的社会参与度。

学校可以与企业、社会组织合作，开展社会责任项目。学校可以与企业、社会组织合作，共同开展社会责任项目，如环保、扶贫等项目，让学生参与其中，感受社会责任的重要性，并掌握相应的实践技能和知识。

学校可以通过评价体系来激励学生关注社会责任。学校可以将社会责任纳入学生的评价体系，如设置社会责任奖学金、开展社会责任竞赛等，让学生在学习创业知识的同时，更加关注社会问题和公益事业，培养学生的社会责任感和公民意识。

应用型高校创业教育将更加注重社会责任教育，鼓励学生关注社会热点问题和公益事业，培育学生的社会责任感和公民意识。学校可以通过创业课程设置、社会公益活动、社会责任项目、评价体系等多种方式来实现社会责任教育，为学生的全面发展和社会的可持续发展做出贡献。

应用型高校创业教育将不断适应社会的发展需求，提供更加优质、多元化的创业教育服务，培养更加全面、创新的高端人才，为社会发展贡献力量。

创新创业教育实践是应用型高校不可或缺的一环，它为学生提供了宝贵的机会和平台，使他们能够在实践中培育创新思维、解决问题的能力和创业精神。通过将创新创业教育与社会实践相结合，高校能够更好地响应社会需求，为学生提供更多实践机会，促进高校与社会的融合发展。

在创新创业教育实践中，学生能够面对真实的挑战和问题，锻炼自己的团队合作和领导能力，培养解决问题的能力。与社会实践的结合也能够激发学生的创业激情和创新意识，为他们未来的创业之路打下坚实的基础。同时，高校与社会的紧密合作也有助于推动科技创新和社会进步，实现产学研合作的良性循环。

创新创业教育实践不仅关乎学生个体的成长和发展，也关乎整个社会的繁荣和进步。通过培养具备创新创业能力的人才，高校为社会提供了更多的创新和解决问题的方案，推动经济的发展和社会的进步。同时，学生在实践中也能够培育社会责任感和公益意识，为社会的可持续发展贡献力量。

因此，我们应该高度重视应用型高校创新创业教育实践的重要性，积极推动高校与社会的融合发展。通过不断加强合作与实践，我们能够培养更多具备创新创业能力的人才，推动社会的持续发展和进步。让我们共同努力，为构建创新驱动的社会和谐发展做出积极贡献！

参考文献

［1］宋泽.应用型高校大学生创新创业精准指导策略研究［J］.广西质量监督导报，2020（3）：51-52.

［2］宋泽，黄睿峰，高森平.民办高校大学生创新创业精神培育路径探究：基于"三联四融"创新创业模式视角［J］.经济与社会发展研究，2021（7）：254-255.

［3］景云祥.全民创业：概念框架、核心要素及生成路径［J］.江汉论坛，2006（3）：21-25.

［4］毛家瑞，彭钢，陈敬朴.创业教育的目标、课程与评价［J］.教育评论，1992（01）.

［5］谢丽丽.日本高校创业教育课程模式及典型个案分析［J］.教育探索，2010（10）：146-148.

［6］刘敏，法国创业教育研究及启示［J］.比较教育研究，2010（10）：72-74.

［7］张春虎.英国高校创业人才培养的实践及借鉴［J］.中国高校科技与产业化，2010（07）：58-59.

［8］王占仁.中国创业教育的历史发端与科学表述论析［J］.东北师大学报（哲学社会科学版），2015（4）：181-186.

［9］刘帆，徐林，刘川.中国创业教育的兴起发展和挑战［J］.中国青年研究，2007（9）：5-9.

［10］孙瑜.创新创业教育引领高等教育系统改革思考［J］.科教文汇：中旬刊，

2019（5）：4-7.

　［11］王丽娟，高志宏．大学生创新创业教育研究［J］．中国青年研究，2012
（10）：96-99，109.

　［12］周敏，胡荣宝．关于地方应用型高校深化创新创业教育改革的思考：以铜
陵学院为例［J］．巢湖学院学，2016（4）：161-164.

　［13］陈诗慧，张连绪．大学生创新创业教育的国际模式、经验及借鉴［J］．继
续教育研，2018（1）：115-120.

　［14］顾海良．"斯诺命题"与人文社会科学的跨学科研究［J］．中国社会科学，
2010（6）：10-13.

　［15］李亚员．创新创业教育：内涵阐释与研究展望［J］．思想理论研究，2016
（6）：85.

　［16］林晓玲．创新创业视角下高校跨学科创新课程体系的构建探析［J］．大学
教育，2017（1）：1-4.

　［17］王占仁．高校创新创业教育要做好分类［N］．光明日报，2015-07-14
（014）.

　［18］游敏惠，朱方彬，邓安平．类型学视野下高校创新创业教育的分层分级分
类模式探析［J］．重庆邮电大学学报（社会科学版），2014（5）：141.

　［19］蒋德勤．论高校创新创业教育质量评价体系建设［J］．创新与创业教育，
2015（6）：4.

　［20］杨晓慧．我国高校创业教育与创新型人才培养研究［J］．中国高教研究，
2015（1）：43.

　［21］梅伟惠．美国高校创业教育［M］．杭州：浙江出版社，2010：229.

　［22］施永川，黄兆信，李远熙．大学生创业教育面临的困境与对策［J］．教育发
展研究，2010（21）.

　［23］雷家骕．我国大学创业教育现状及应做的调整［J］．青年探索，2011
（01）.

　［24］陈高生，孙国辉．新世纪的国家竞争锐器：高校创业教育［M］．北京：经
济日报出版社，2012：151-155.

　［25］中华人民共和国教育部高等教育司．创业教育在中国：试点与实践［M］．
北京：高等教育出版社，2006：33-36.

［26］黄兆信，曾尔雷，施永川.以岗位创业为导向：高校创业教育转型发展的战略选择［J］.教育研究，2012（12）.

［27］尼伯恩.给儿子的信［M］.北京：中央编译出版社，2001.

［28］谢志远.构建大学生创业教育"温州模式"［J］.高等教育研究，2008（5）：89-92.

［29］赵杨.应用型本科创新创业教育的问题及对策［J］.物流工程与管理，2014（1）：230-232.

［30］雅克·德洛尔.教育：财富蕴藏其中［M］.北京：教育科学出版社，1996.

［31］李菲菲.应用型高校创新创业教育实践教学体系构建［J］.黑龙江工程学院学报，2022，36（3）：85-88.

［32］季平.中国民办本科教育发展报告（2012—2020）［M］.北京：社会科学文献出版社，2022.

附 录

附 录

附录一：《国务院办公厅关于进一步支持大学生创新创业的指导意见》

国办发〔2021〕35号

各省、自治区、直辖市人民政府，国务院各部委、各直属机构：

纵深推进大众创业万众创新是深入实施创新驱动发展战略的重要支撑，大学生是大众创业万众创新的生力军，支持大学生创新创业具有重要意义。近年来，越来越多的大学生投身创新创业实践，但也面临融资难、经验少、服务不到位等问题。为提升大学生创新创业能力、增强创新活力，进一步支持大学生创新创业，经国务院同意，现提出以下意见。

一、总体要求

以习近平新时代中国特色社会主义思想为指导，深入贯彻落实党的十九大和十九届二中、三中、四中、五中全会精神，全面贯彻党的教育方针，落实立德树人根本任务，立足新发展阶段、贯彻新发展理念、构建新发展格局，坚持创新引领创业、创业带动就业，支持在校大学生提升创新创业能力，支持高校毕业生创业就业，提升人力资源素质，促进大学生全面发展，实现大学生更加充分更高质量就业。

二、提升大学生创新创业能力

（一）将创新创业教育贯穿人才培养全过程。深化高校创新创业教育改革，健全课堂教学、自主学习、结合实践、指导帮扶、文化引领融为一体的高校创新创业教育体系，增强大学生的创新精神、创业意识和创新创业能力。建立以创新创业为导向的新型人才培养模式，健全校校、校企、校地、校所协同的创新创业人才培养机制，打造一批创新创业教育特色示范课程。（教育部牵头，人力资源社会保障部等按职责分工负责）

（二）提升教师创新创业教育教学能力。强化高校教师创新创业教育教学能力和素养培训，改革教学方法和考核方式，推动教师把国际前沿学术发展、最新研究成果和实践经验融入课堂教学。完善高校双创指导教师到行业企业挂职锻炼的保障激励政策。实施高校双创校外导师专项人才计划，探索实施驻校企业家制度，吸引更多各行各业优秀人才担任双创导师。支持建设一批双创导师培训基地，定期开展培训。（教育部牵头，人力资源社会保障部等按职责分工负责）

（三）加强大学生创新创业培训。打造一批高校创新创业培训活动品牌，创新培训模式，面向大学生开展高质量、有针对性的创新创业培训，提升大学生创新创业能力。组织双创导师深入校园举办创业大讲堂，进行创业政策解读、经验分享、实践指导等。支持各类创新创业大赛对大学生创业者给予倾斜。（人力资源社会保障部、教育部等按职责分工负责）

三、优化大学生创新创业环境

（四）降低大学生创新创业门槛。持续提升企业开办服务能力，为大学生创业提供高效便捷的登记服务。推动众创空间、孵化器、加速器、产业园全链条发展，鼓励各类孵化器面向大学生创新创业团队开放一定比例的免费孵化空间，并将开放情况纳入国家级科技企业孵化器考核评价，降低大学生创新创业团队入驻条件。政

184

府投资开发的孵化器等创业载体应安排 30% 左右的场地,免费提供给高校毕业生。有条件的地方可对高校毕业生到孵化器创业给予租金补贴。(科技部、教育部、市场监管总局等和地方各级人民政府按职责分工负责)

(五)便利化服务大学生创新创业。完善科技创新资源开放共享平台,强化对大学生的技术创新服务。各地区、各高校和科研院所的实验室以及科研仪器、设施等科技创新资源可以面向大学生开放共享,提供低价、优质的专业服务,支持大学生创新创业。支持行业企业面向大学生发布企业需求清单,引导大学生精准创新创业。鼓励国有大中型企业面向高校和大学生发布技术创新需求,开展"揭榜挂帅"。(科技部、发展改革委、教育部、国资委等按职责分工负责)

(六)落实大学生创新创业保障政策。落实大学生创业帮扶政策,加大对创业失败大学生的扶持力度,按规定提供就业服务、就业援助和社会救助。加强政府支持引导,发挥市场主渠道作用,鼓励有条件的地方探索建立大学生创业风险救助机制,可采取创业风险补贴、商业险保费补助等方式予以支持,积极研究更加精准、有效的帮扶措施,及时总结经验、适时推广。毕业后创业的大学生可按规定缴纳"五险一金",减少大学生创业的后顾之忧。(人力资源社会保障部、教育部、财政部、民政部、医保局等和地方各级人民政府按职责分工负责)

四、加强大学生创新创业服务平台建设

(七)建强高校创新创业实践平台。充分发挥大学科技园、大学生创业园、大学生创客空间等校内创新创业实践平台作用,面向在校大学生免费开放,开展专业化孵化服务。结合学校学科专业特色优势,联合有关行业企业建设一批校外大学生双创实践教学基地,深入实施大学生创新创业训练计划。(教育部、科技部、人力资源社会保障部等按职责分工负责)

(八)提升大众创业万众创新示范基地带动作用。加强双创示范基地建设,深入实施创业就业"校企行"专项行动,推动企业示范基地和高校示范基地结对共建、建立稳定合作关系。指导高校示范基地所在城市主动规划和布局高校周边产业,积极承接大学生创新成果和人才等要素,打造"城校共生"的创新创业生态。推动中央企业、科研院所和相关公共服务机构利用自身技术、人才、场地、资本等优势,为大学生建设集研发、孵化、投资等于一体的创业创新培育中心、互联网双

创平台、孵化器和科技产业园区。（发展改革委、教育部、科技部、国资委等按职责分工负责）

五、推动落实大学生创新创业财税扶持政策

（九）继续加大对高校创新创业教育的支持力度。在现有基础上，加大教育部中央彩票公益金大学生创新创业教育发展资金支持力度。加大中央高校教育教学改革专项资金支持力度，将创新创业教育和大学生创新创业情况作为资金分配重要因素。（财政部、教育部等按职责分工负责）

（十）落实落细减税降费政策。高校毕业生在毕业年度内从事个体经营，符合规定条件的，在 3 年内按一定限额依次扣减其当年实际应缴纳的增值税、城市维护建设税、教育费附加、地方教育附加和个人所得税；对月销售额 15 万元以下的小规模纳税人免征增值税，对小微企业和个体工商户按规定减免所得税。对创业投资企业、天使投资人投资于未上市的中小高新技术企业以及种子期、初创期科技型企业的投资额，按规定抵扣所得税应纳税所得额。对国家级、省级科技企业孵化器和大学科技园以及国家备案众创空间按规定免征增值税、房产税、城镇土地使用税。做好纳税服务，建立对接机制，强化精准支持。（财政部、税务总局等按职责分工负责）

六、加强对大学生创新创业的金融政策支持

（十一）落实普惠金融政策。鼓励金融机构按照市场化、商业可持续原则对大学生创业项目提供金融服务，解决大学生创业融资难题。落实创业担保贷款政策及贴息政策，将高校毕业生个人最高贷款额度提高至 20 万元，对 10 万元以下贷款、获得设区的市级以上荣誉的高校毕业生创业者免除反担保要求；对高校毕业生设立的符合条件的小微企业，最高贷款额度提高至 300 万元；降低贷款利率，简化贷款申报审核流程，提高贷款便利性，支持符合条件的高校毕业生创业就业。鼓励和引导金融机构加快产品和服务创新，为符合条件的大学生创业项目提供金融服务。（财政部、人力资源社会保障部、人民银行、银保监会等按职责分工负责）

（十二）引导社会资本支持大学生创新创业。充分发挥社会资本作用，以市场化机制促进社会资源与大学生创新创业需求更好对接，引导创新创业平台投资基金

和社会资本参与大学生创业项目早期投资与投智，助力大学生创新创业项目健康成长。加快发展天使投资，培育一批天使投资人和创业投资机构。发挥财政政策作用，落实税收政策，支持天使投资、创业投资发展，推动大学生创新创业。（发展改革委、财政部、税务总局、证监会等按职责分工负责）

七、促进大学生创新创业成果转化

（十三）完善成果转化机制。研究设立大学生创新创业成果转化服务机构，建立相关成果与行业产业对接长效机制，促进大学生创新创业成果在有关行业企业推广应用。做好大学生创新项目的知识产权确权、保护等工作，强化激励导向，加快落实以增加知识价值为导向的分配政策，落实成果转化奖励和收益分配办法。加强面向大学生的科技成果转化培训课程建设。（科技部、教育部、知识产权局等按职责分工负责）

（十四）强化成果转化服务。推动地方、企业和大学生创新创业团队加强合作对接，拓宽成果转化渠道，为创新成果转化和创业项目落地提供帮助。鼓励国有大中型企业和产教融合型企业利用孵化器、产业园等平台，支持高校科技成果转化，促进高校科技成果和大学生创新创业项目落地发展。汇集政府、企业、高校及社会资源，加强对中国国际"互联网＋"大学生创新创业大赛中涌现的优秀创新创业项目的后续跟踪支持，落实科技成果转化相关税收优惠政策，推动一批大赛优秀项目落地，支持获奖项目成果转化，形成大学生创新创业示范效应。（教育部、科技部、发展改革委、财政部、国资委、税务总局等按职责分工负责）

八、办好中国国际"互联网＋"大学生创新创业大赛

（十五）完善大赛可持续发展机制。鼓励省级人民政府积极承办大赛，压实主办职责，进一步加强组织领导和综合协调，落实配套支持政策和条件保障。坚持政府引导、公益支持，支持行业企业深化赛事合作，拓宽办赛资金筹措渠道，适当增加大赛冠名赞助经费额度。充分利用市场化方式，研究推动中央企业、社会资本发起成立中国国际"互联网＋"大学生创新创业大赛项目专项发展基金。（教育部、国资委、证监会、建设银行等按职责分工负责）

（十六）打造创新创业大赛品牌。强化大赛创新创业教育实践平台作用，鼓励各学段学生积极参赛。坚持以赛促教、以赛促学、以赛促创，丰富竞赛形式和内容。建立健全中国国际"互联网＋"大学生创新创业大赛与各级各类创新创业比赛联动机制，推进大赛国际化进程，搭建全球性创新创业竞赛平台，深化创新创业教育国际交流合作。（教育部等按职责分工负责）

九、加强大学生创新创业信息服务

（十七）建立大学生创新创业信息服务平台。汇集创新创业帮扶政策、产业激励政策和全国创新创业教育优质资源，加强信息资源整合，做好国家和地方的政策发布、解读等工作。及时收集国家、区域、行业需求，为大学生精准推送行业和市场动向等信息。加强对创新创业大学生和项目的跟踪、服务，畅通供需对接渠道，支持各地积极举办大学生创新创业项目需求与投融资对接会。（教育部、发展改革委、人力资源社会保障部等按职责分工负责）

（十八）加强宣传引导。大力宣传加强高校创新创业教育、促进大学生创新创业的必要性、重要性。及时总结推广各地区、各高校的好经验好做法，选树大学生创新创业成功典型，丰富宣传形式，培育创客文化，营造敢为人先、宽容失败的环境，形成支持大学生创新创业的社会氛围。做好政策宣传宣讲，推动大学生用足用好税费减免、企业登记等支持政策。（教育部、中央宣传部牵头，地方各级人民政府、各有关部门按职责分工负责）

各地区、各有关部门要认真贯彻落实党中央、国务院决策部署，抓好本意见的贯彻落实。教育部要会同有关部门加强协调指导，督促支持大学生创新创业各项政策的落实，加强经验交流和推广。地方各级人民政府要加强组织领导，深入了解情况，优化创新创业环境，积极研究制定和落实支持大学生创新创业的政策措施，及时帮助大学生解决实际问题。

国务院办公厅

2021 年 9 月 22 日

资料来源：《国务院办公厅关于进一步支持大学生创新创业的指导意见》国办发〔2021〕35 号。

附录二：习近平总书记给第三届中国"互联网+"大学生创新创业大赛"青年红色筑梦之旅"的大学生的回信

第三届中国"互联网+"大学生创新创业大赛"青年红色筑梦之旅"的同学们：

来信收悉。得知全国150万大学生参加本届大赛，其中上百支大学生创新创业团队参加了走进延安、服务革命老区的"青年红色筑梦之旅"活动，帮助老区人民脱贫致富奔小康，既取得了积极成效，又受到了思想洗礼，我感到十分高兴。

延安是革命圣地，你们奔赴延安，追寻革命前辈伟大而艰辛的历史足迹，学习延安精神，坚定理想信念，锤炼意志品质，把激昂的青春梦融入伟大的中国梦，体现了当代中国青年奋发有为的精神风貌。

实现全面建成小康社会奋斗目标，实现社会主义现代化，实现中华民族伟大复兴，需要一批又一批德才兼备的有为人才为之奋斗。艰难困苦，玉汝于成。今天，我们比历史上任何时期都更接近实现中华民族伟大复兴的光辉目标。祖国的青年一代有理想、有追求、有担当，实现中华民族伟大复兴就有源源不断的青春力量。希望你们扎根中国大地了解国情民情，在创新创业中增长智慧才干，在艰苦奋斗中锤炼意志品质，在亿万人民为实现中国梦而进行的伟大奋斗中实现人生价值，用青春书写无愧于时代、无愧于历史的华彩篇章。

习近平

2017年8月15日

附录三：中国国际"互联网+"
大学生创新创业大赛章程

一、大赛主题

我敢闯，我会创。

二、总体目标

更中国、更国际、更教育、更全面、更创新、更协同，落实立德树人根本任务，传承和弘扬红色基因，聚焦"五育"融合创新创业教育实践，开启创新创业教育改革新征程，激发青年学生创新创造热情，打造共建共享、融通中外的国际创新创业盛会，让青春在全面建设社会主义现代化国家的火热实践中绽放绚丽之花。

——更中国。更深层次、更广范围体现红色基因传承，充分展现新发展阶段高水平创新创业教育的丰硕成果，集中展示新发展理念引领下创新创业人才培养的中国方案，提升新时代中国高等教育的感召力。

——更国际。深化创新创业教育国际交流合作，汇聚全球知名高校、企业和创业者，服务以国内大循环为主体、国内国际双循环相互促进的新发展格局，搭建全球性创新创业竞赛平台，提升新时代中国高等教育的影响力。

——更教育。推动思想政治教育、专业教育与创新创业教育深度融合，弘扬劳动精神，加强学生创新实践能力培养，造就敢想敢为又善作善成的新时代好青年，提升新时代中国高等教育的塑造力。

——更全面。推进职普融通、产教融合、科教融汇，鼓励各学段学生积极参赛，形成创新创业教育在高等教育、职业教育、基础教育、留学生教育等各类各学段的全覆盖，打通人才培养各环节，提升新时代中国高等教育的引领力。

——更创新。积极开辟发展新领域新赛道，不断塑造发展新动能新优势，丰富竞赛内容和形式，激发全社会创新创业创造动能，促进高校创新成果转化应用，服务国家创新发展，提升新时代中国高等教育的创造力。

——更协同。充分发挥大赛平台纽带作用，促进优质资源互联互通，推动形成开放大学、开放产业、开放问题的良好氛围，助推大赛项目落地转化，营造支持青年大学生创新创业、共同合作、互相包容、互相支持的良好生态。

三、主要任务

以赛促教，探索人才培养新途径。全面提高人才自主培养质量，强化高校课程思政建设，深入推进新工科、新医科、新农科、新文科建设，深化创新创业教育改革，引领各类学校人才培养范式深刻变革，形成新的人才培养质量观和质量标准，切实提高学生的创新精神、创业意识和创新创业能力。

以赛促学，培养创新创业生力军。着力造就拔尖创新人才，激励广大青年扎根中国大地了解国情民情，在创新创业中增长智慧才干，怀抱梦想又脚踏实地，敢想敢为又善作善成，做有理想、敢担当、能吃苦、肯奋斗的新时代好青年。

以赛促创，搭建产教融合新平台。把教育融入经济社会发展，推动成果转化和产学研用融合，促进教育链、人才链与产业链、创新链有机衔接，以创新引领创业、以创业带动就业，推动形成高校毕业生更高质量创业就业的新局面。

四、大赛内容

（一）主体赛事。包括高教主赛道、"青年红色筑梦之旅"赛道、职教赛道、产业命题赛道和萌芽赛道。

（二）"青年红色筑梦之旅"活动。

（三）同期活动，即世界大学生创新创业联盟成立仪式、世界大学生创新创业指数发布会、大赛优秀项目资源对接会等系列活动。

五、组织机构

大赛由教育部、中央统战部、中央网信办、国家发展改革委、工业和信息化部、人力资源社会保障部、农业农村部、中国科学院、中国工程院、国家知识产权局、国家乡村振兴局、共青团中央和承办省（市）人民政府共同主办，承办高校承办。

六、参赛要求

（一）参赛项目能够紧密结合经济社会各领域现实需求，充分体现高校在新工科、新医科、新农科、新文科建设方面取得的成果，培育新产品、新服务、新业态、新模式，促进制造业、农业、卫生、能源、环保、战略性新兴产业等产业转型升级，促进数字技术与教育、医疗、交通、金融、消费生活、文化传播等深度融合。

（二）参赛项目应弘扬正能量，践行社会主义核心价值观，真实、健康、合法。不得含有任何违反《中华人民共和国宪法》及其他法律法规的内容。所涉及的发明创造、专利技术、资源等必须拥有清晰合法的知识产权或物权。如有抄袭盗用他人成果、提供虚假材料等违反相关法律法规或违背大赛精神的行为，一经发现即刻丧失参赛资格、所获奖项等相关权利，并自负一切法律责任。

（三）参赛项目只能选择一个符合要求的赛道报名参赛，根据参赛团队负责人的学籍或学历确定参赛团队所代表的参赛学校，且代表的参赛学校具有唯一性。参赛团队须在报名系统中将项目所涉及的材料按时如实填写提交。已获本大赛往届总决赛各赛道金奖和银奖的项目，不可报名参加本届大赛。

（四）参赛人员（不含产业命题赛道参赛项目成员中的教师）年龄不超过35岁。

（五）各省级教育行政部门及各有关学校要严格开展参赛项目审查工作，确保参赛项目的合规性和真实性。审查主要包括参赛资格以及项目所涉及的科技成果、知识产权、财务状况、运营、荣誉奖项等方面。

七、比赛赛制

（一）大赛主要采用校级初赛、省级复赛、总决赛三级赛制（不含萌芽赛道以及国际参赛项目）。校级初赛由各院校负责组织，省级复赛由各地负责组织，总决赛由各地按照大赛组委会确定的配额择优遴选推荐项目。大赛组委会将综合考虑各地报名团队数（含邀请国际参赛项目数）、参赛院校数和创新创业教育工作情况等因素分配总决赛名额。

（二）大赛共产生 4100 个项目入围总决赛（港澳台地区参赛名额单列），其中高教主赛道 2300 个（国内项目 1800 个、国际项目 500 个）、"青年红色筑梦之旅"赛道 600 个、职教赛道 600 个、产业命题赛道 400 个、萌芽赛道 200 个。

（三）高教主赛道每所高校入选总决赛项目不超过 5 个，"青年红色筑梦之旅"赛道每所院校入选总决赛项目不超过 3 个，职教赛道每所院校入选总决赛项目不超过 3 个，产业命题赛道每道命题每所院校入选项目不超过 3 个，萌芽赛道每所学校入选总决赛项目不超过 2 个。

八、赛程安排

（一）参赛报名。参赛团队通过登录全国大学生创业服务网进行报名，在"资料下载"板块可下载学生操作手册指导报名参赛。通过微信公众号（名称为"全国大学生创业服务网"或"中国互联网＋大学生创新创业大赛"）进行赛事咨询。评审规则将于近期公布，请登录全国大学生创业服务网查看具体内容。国际参赛项目通过全球青年创新领袖共同体促进会官网进行报名。

（二）初赛复赛。初赛复赛的比赛环节、评审方式等由各校、各地自行决定。

（三）总决赛。大赛设金奖、银奖、铜奖；另设省市组织奖、高校集体奖及若干单项奖。入围总决赛的项目将通过评审，择优进入总决赛现场比赛，决出各类奖项。大赛组委会通过全国大学生创业服务网、国家大学生就业服务平台为参赛团队提供项目展示、创业指导、人才招聘、资源对接等服务，各项目团队可登录上述网站查看相关信息，各地各校可充分利用网站资源，为参赛团队做好服务。

九、高教主赛道

（一）参赛项目类型。（1）新工科类项目：大数据、云计算、人工智能、区块链、虚拟现实、智能制造、网络空间安全、机器人工程、工业自动化、新材料等领域，符合新工科建设理念和要求的项目。（2）新医科类项目：现代医疗技术、智能医疗设备、新药研发、健康康养、食药保健、智能医学、生物技术、生物材料等领域，符合新医科建设理念和要求的项目。（3）新农科类项目：现代种业、智慧农业、智能农机装备、农业大数据、食品营养、休闲农业、森林康养、生态修复、农业碳汇等领域，符合新农科建设理念和要求的项目。（4）新文科类项目：文化教育、数字经济、金融科技、财经、法务、融媒体、翻译、旅游休闲、动漫、文创设计与开发、电子商务、物流、体育、非物质文化遗产保护、社会工作、家政服务、养老服务等领域，符合新文科建设理念和要求的项目。参赛项目团队应认真了解和把握"四新"发展要求，结合以上分类及项目实际，合理选择参赛项目类别。参赛项目不只限于"互联网+"项目，鼓励各类创新创业项目参赛，根据"四新"建设内涵和产业发展方向选择相应类型。

（二）参赛组别和对象。根据参赛申报人所处学习阶段，项目分为本科生组、研究生组。根据所处创业阶段，本科生组和研究生组均内设创意组、初创组、成长组，并按照新工科、新医科、新农科、新文科设置参赛项目类型。本赛道以团队为单位报名参赛。允许跨校组建参赛团队，每个团队的成员不少于3人，不多于15人（含团队负责人），须为项目的实际核心成员。参赛团队所报参赛创业项目，须为本团队策划或经营的项目，不得借用他人项目参赛。

（三）奖项设置。中国大陆参赛项目设金奖180个、银奖360个、铜奖1260个，中国港澳台地区参赛项目设金奖10个、银奖20个、铜奖另定，国际参赛项目设金奖50个、银奖100个、铜奖350个。最佳创意奖、最佳带动就业奖、最具商业价值奖等若干单项奖。获得金奖项目的指导教师为"优秀创新创业导师"（限前五名）。

十、"青年红色筑梦之旅"

（一）主要目标。紧扣学习贯彻习近平新时代中国特色社会主义思想主题教育，不断拓展"青年红色筑梦之旅"活动的时代内涵，引导广大青年学生"上山下乡出海"，乘风破浪向未来。通过扎实开展"青年红色筑梦之旅"活动，推动习近平新时代中国特色社会主义思想入眼入耳入脑入心，使广大青年学生深刻理解"两个确立"、坚决做到"两个维护"，坚定不移听党话、跟党走，厚植家国情怀，成为社会主义合格建设者和可靠接班人，为全面建设社会主义现代化国家贡献青春力量。

（二）参赛项目要求。（1）参加"青年红色筑梦之旅"赛道的项目应符合大赛参赛项目要求，同时在推进农业农村、城乡社区经济社会发展等方面有创新性、实效性和可持续性。（2）以团队为单位报名参赛。允许跨校组建团队，每个团队的参赛成员不少于 3 人，不多于 15 人（含团队负责人），须为项目的实际核心成员。参赛团队所报参赛创业项目，须为本团队策划或经营的项目，不得借用他人项目参赛。（3）参赛申报人须为项目负责人，须为普通高等学校全日制在校生（包括本专科生、研究生，不含在职教育），或毕业 5 年以内的全日制学生；国家开放大学学生（仅限学历教育）。企业法定代表人在大赛通知发布之日后进行变更的不予认可。

（三）参赛组别和对象。参加"青年红色筑梦之旅"赛道的项目，须为参加"青年红色筑梦之旅"活动的项目。否则一经发现，取消参赛资格。根据项目性质和特点，分为公益组、创意组、创业组。

（四）奖项设置。金奖 60 个、银奖 120 个、铜奖 420 个。乡村振兴奖、最佳公益奖等单项奖。获得金奖项目的指导教师为"优秀创新创业导师"（限前五名）。

十一、职教赛道

（一）参赛项目类型。（1）创新类：以技术、工艺或商业模式创新为核心优势；（2）商业类：以商业运营潜力或实效为核心优势；（3）工匠类：以体现敬业、精益、专注、创新为内涵的工匠精神为核心优势。

（二）参赛组别和对象。（1）职业院校（包括职业教育各层次学历教育，不含在职教育）、国家开放大学学生（仅限学历教育）可以报名参赛。（2）大赛以团队为单位报名参赛。允许跨校组建团队，每个团队的参赛成员不少于 3 人，不多于 15 人（含团队负责人），须为项目的实际核心成员。参赛团队所报参赛创业项目，须为本团队策划或经营的项目，不得借用他人项目参赛。（3）分为创意组与创业组。

（三）奖项设置。金奖 60 个、银奖 120 个、铜奖 420 个。获得金奖项目的指导

195

教师为"优秀创新创业导师"（限前五名）。

十二、萌芽赛道

（一）参赛项目要求。（1）项目应紧密融合学习、生活、社会实践，能创造性地解决问题或提供解决思路，具有可预见的应用性与成长性，可以是教育部公布的面向中小学生的全国性竞赛活动名单中学生赛事获奖项目或作品。项目不只限于"互联网＋"项目，鼓励各类创新创业项目参赛。（2）项目须真实、健康、合法，无任何不良信息，不得借用他人项目参赛。项目立意应弘扬正能量，践行社会主义核心价值观。参赛项目不得侵犯他人知识产权；所涉及的发明创造、专利技术、资源等必须拥有清晰合法的知识产权或物权，涉及他人知识产权的，报名时须提交完整的具有法律效力的所有人书面授权许可书、专利证书等；抄袭盗用他人成果、提供虚假材料等违反相关法律法规的行为，一经发现即刻丧失参赛相关权利并自负一切法律责任。

（二）参赛对象。普通高级中学在校学生。参赛学生须为项目的实际成员，鼓励学生以团队为单位参加（团队成员不超过 15 人），允许跨校组建团队。

（三）奖项设置。本赛道设置创新潜力奖 20 个。入围总决赛但未获创新潜力奖的项目，发放"入围总决赛"证书。

十三、产业命题赛道

（一）目标任务。（1）发挥开放创新效用，打通高校智力资源和企业发展需求，协同解决企业发展中所面临的技术、管理等现实问题。（2）引导高校将创新创业教育实践与产业发展有机结合，促进学生了解产业发展状况，培养学生解决产业发展问题的能力。（3）立足产业发展，深化新工科、新医科、新农科、新文科建设，校企协同培育产业新领域、新市场，推动大学生更高质量创业就业。

（二）参赛要求。（1）本赛道以团队为单位报名参赛，每支参赛团队只能选择一题参加比赛，允许跨校组建、师生共同组建参赛团队，每个团队的成员不少于 3人，不多于 15 人（含团队负责人），须为揭榜答题的实际核心成员。（2）项目负责人须为普通高等学校全日制在校生（包括本专科生、研究生，不含在职教育），或毕业 5 年以内的全日制学生。参赛项目中的教师须为高校教师。（3）参赛团队所提交的命题对策须符合所答企业命题要求。参赛团队须对提交的应答材料拥有自主知识产权，不得侵犯他人知识产权或物权。

（三）奖项设置。金奖 40 个、银奖 80 个和铜奖 280 个。

十四、历届总决赛冠军项目

第一届：北京航空航天大学的"Unicorn 无人直升机系统"项目

浙江大学的"智能视力辅具及智能可穿戴近视防控设备"项目

（冠军争夺赛成绩并列）

第二届：西北工业大学的"翱翔系列微小卫星"项目

第三届：浙江大学的"新一代固态面阵激光雷达——杭州光珀智能科技有限公司"项目

第四届：北京理工大学的"中云智车——未来商用无人车行业定义者"项目

第五届：清华大学的"交叉双旋翼复合推力尾桨无人直升机"项目

第六届：北京理工大学的"星网测通"项目

第七届：南昌大学的"中科光芯——硅基无荧光粉发光芯片产业化应用"项目

第八届：南京理工大学的"光影流转——亿像素红外智能成像的开拓者"项目

资料来源：据《教育部关于举办第九届中国国际"互联网＋"大学生创新创业大赛的通知》（教高函〔2023〕6 号）摘抄、整理。

附录四："创青春"中国青年
创新创业大赛章程

一、大赛简介

"创青春"系列活动是共青团服务青年创新创业的重要活动品牌。2014 年以来，在人力资源社会保障部、农业农村部、商务部、国家卫生健康委员会、国家税务总局等单位的大力支持下，"创青春"中国青年创新创业大赛已成功举办至第十届。活动为青年创业者提供创业辅导、展示交流、资本对接、骨干培训等支持，打造团组织、青年创业者、社会创服机构共创、共享、共赢的青年创新创业嘉年华。

二、大赛宗旨

深入学习贯彻习近平新时代中国特色社会主义思想，围绕立足新发展阶段、贯彻新发展理念、构建新发展格局，引领广大青年为落实"十四五"规划和 2035 年远景目标努力奋斗，搭建支持青年创新创业的展示交流、导师辅导、投融资对接、项目孵化等服务平台，建设创业导师、创投机构、创业园区、创业孵化器、青年创业者等服务联盟，促进广大青年弘扬创业精神、培养创业意识、提升创业能力、提高创业成功率，组织动员广大青年走在大众创业、万众创新前列，在全面建设社会主义现代化国家进程中健康成长、建功立业。

三、主办单位

共青团中央、人力资源社会保障部、农业农村部、商务部、国家卫生健康委员会、国家税务总局、承办省（市）人民政府。

四、主要活动

（一）专项交流活动暨专项赛

围绕科技创新、乡村振兴、数字经济、社会企业 4 个领域分别开办专项交流营和创新创业赛事，举办卫生健康、税收工作等专项领域创新创业活动，为参赛创业青年和县级青年创业组织代表提供技能培训、展示交流、咨询辅导、资本对接等服务。

1. 科技创新专项。重点关注"十四五"规划明确鼓励发展的重点方向，尤其是人工智能、量子信息、集成电路、生命健康、脑科学、生物育种、空天科技、深地深海等领域具有前瞻性、战略性的项目。

2. 乡村振兴专项。重点关注先进种植养殖技术、农产品加工及销售、农业社会化服务、乡村休闲旅游、预制菜等领域相关产业，尤其是在巩固拓展脱贫攻坚成果、助力乡村振兴等方面模式成熟的项目。

3. 数字经济专项。重点关注互联网、大数据、云计算、区块链技术、元宇宙等领域推动数字经济和实体经济融合发展，运用数字经济手段改造发展传统行业的项目。

4. 社会企业专项。重点关注以协助解决社会问题、改善社会治理、服务特定群体或社区利益为宗旨和首要目标，以创新商业模式、市场化运作为主要手段，所得部分盈利按照其社会目标再投入自身业务、所在社区或公益事业，且社会目标持续稳定的项目。

（二）综合交流活动暨大赛

面向各专项交流活动暨专项赛发掘培养的青年创新创业人才和县级青年创业组织代表，组织创业辅导、展示交流、资本对接、县级青年创业组织代表培训等活动。

五、参赛要求

（一）参赛人员

1. 年龄在 35 周岁（含）以下的中国公民。

2. 由 2 人及以上团队申报的参赛项目，团队总人数不多于 5 人，且团队中 30 周岁（含）以下的人数比例不低于 50%。

（二）参赛项目

1. 符合国家法律法规和国家产业政策。

2. 不得侵犯他人知识产权。

3. 具有良好的经济效益、社会效益，经营规范，社会信誉良好。

4. 具有较大投资价值的独特产品、技术或商业模式。

六、参赛奖励

各专项赛分别设置金奖、银奖、铜奖及优秀奖。获奖项目将获得全国组织委员会颁发的证书，并获得各主办单位给予的相关优惠政策。

资料来源：据《关于举办第十届"创青春"中国青年创新创业大赛的通知》《"创青春"中国青年创新创业大赛章程（试行）》摘抄、整理。

附录五："挑战杯"全国大学生课外学术科技作品竞赛章程

一、大赛简介

"挑战杯"全国大学生课外学术科技作品竞赛是由共青团中央、中国科协、教育部、中国社会科学院、全国学联、省级人民政府主办的大学生课外学术科技活动中一项具有导向性、示范性和群众性的竞赛活动，每两年举办一届。

二、竞赛宗旨

崇尚科学、追求真知、勤奋学习、锐意创新、迎接挑战。

三、竞赛目的

引导和激励高校学生实事求是、刻苦钻研、勇于创新、多出成果、提高素质，培养学生创新精神和实践能力，并在此基础上促进高校学生课外学术科技活动的蓬勃开展，发现和培养一批在学术科技上有作为、有潜力的优秀人才。鼓励学以致用，推动产学研融合互促，紧密围绕创新驱动发展战略，服务国家经济、政治、文化、社会、生态文明建设。

四、参赛方式

（一）参赛人员

凡在举办竞赛终审决赛的当年 6 月 1 日以前正式注册的全日制非成人教育的各类高等院校在校专科生、本科生、硕士研究生（不含在职研究生）都可申报作品参赛。

（二）参赛要求

申报参赛的作品必须是距竞赛终审决赛当年 6 月 1 日前两年内完成的学生课外学术科技或者社会实践活动成果，可分为个人作品和集体作品。

申报参赛的作品分为自然科学类学术论文、哲学社会科学类社会调查报告、科技发明制作三类。自然科学类学术论文作者限本专科生。哲学社会科学类支持围绕发展成就、文明文化、美丽中国、民生福祉、中国之治 5 个组别形成社会调查报告。科技发明制作类分为 A、B 两类：A 类指科技含量较高、制作投入较大的作品；B 类指投入较少，且为生产技术或者社会生活带来便利的小发明、小制作等。

五、专项活动

（一）红色专项活动

上好一堂红色课。通过理论宣讲、培训教学等方式，组织大学生团员认真学习党的二十大报告和《中国共产党章程》，延伸阅读辅导材料，深入理解大会精神和战略安排，对中国式现代化、全过程人民民主、全人类共同价值等重要概念和教育、科技、人才等相关论断有深刻认识，树立投身国家重大战略和到祖国最需要的地方建功立业的职业观、事业观。

组建一支实践团。支持重走红色足迹、追溯红色记忆、访谈红色人物、挖掘红色故事、体悟红色文化，感受党的红色精神伟力。着重用好新时代伟大成就、伟大变革的鲜活思想引领教材，引导青年通过返回家乡看变化、重走故地看新颜、深入乡村看振兴、走进一线看发展，从而深刻理解"两个确立"的决定性意义，以实际行动学习宣传贯彻党的二十大精神。

形成一件好作品。青年学子应在社会实践中受到教育、坚定信念，围绕党的二十大做出的战略部署，结合对新时代以来国家发展成就的所见所闻所感所思，形成有真情实感的心得体会、有理论深度的调研报告、感染力强的视频作品等实践成果。实践成果要充分体现所在实践团队和团支部的集体智慧，将作品的形成过程变为开展实践教育的生动历程。

开展一次交流营。通过举办主题团日活动、座谈交流、征文演讲、成果展览等多种形式，组织参与活动学生讲述实践故事、实践收获，分享当代青年的坚定理想信念、爱党爱国情怀和对国情社情的正确认识；将实践成果转化为红色教材，根据实际搭建"云上展厅"，辐射引导更多学生成长为有理想、敢担当、能吃苦、肯奋斗的新时代好青年。

（二）"揭榜挂帅"专项赛

"揭榜挂帅"专项赛崇尚"英雄不论出处，谁有本事谁揭榜"，秉承"以国家重大需求为导向、以竞争协同机制为手段、以解决实际问题为目标"的思路，聚焦"卡脖子"技术，瞄准社会重大课题及现实问题等，聚天下英才而用之，以"政企发榜、竞争揭榜、开榜签约"的方式，由政府、企业等单位提需求出题，组委会面向高校广发"英雄帖"，学生团队打擂揭榜。

"揭榜挂帅"专项赛坚持向中央部委、地方政府、行业协会、科研机构、企事业单位等公开征集榜单，架设政企校产学研深度融合的桥梁；坚持聚焦"卡脖子"技术，解决实际问题，构筑大学生投身关键核心技术攻坚战的阵地；坚持不唯地域、不唯学校、一视同仁、唯才是用，拓展大学生公平展示才华的舞台；坚持团队合作、协同创新、敢于亮剑、攻坚克难，搭建培养磨砺大学生科技自立自强精神的擂台。

六、奖励设置

参赛的自然科学类学术论文、哲学社会科学类社会调查报告、科技发明制作三类作品各设特等奖、一等奖、二等奖、三等奖。各等次奖分别约占各类报送作品总数的 5%、10%、20%、55%。

红色专项：结合答辩情况，选出 500 件左右优秀作品中的约 5% 为特等奖作品、约 15% 为一等奖作品、约 30% 为二等奖作品。

"揭榜挂帅"专项赛：每个发榜题目分别根据申报数量原则上设 5 个特等奖，

一、二、三等奖若干。原则上每个选题决出 1 个"擂主"。获奖团队可获得由组委会和出题方提供的相关奖励。

资料来源：据《关于组织开展第十八届"挑战杯"全国大学生课外学术科技作品竞赛的通知》（中青明电〔2023〕6 号）和《"挑战杯"全国大学生课外学术科技作品竞赛章程（试行）》摘抄、整理。

附录六："挑战杯"中国大学生创业计划竞赛章程

一、大赛简介

"挑战杯"中国大学生创业计划竞赛是由共青团中央、教育部、人力资源社会保障部、中国科协、全国学联和省级人民政府主办的一项具有导向性、示范性、实践性和群众性的创业交流活动，每两年举办一届。

二、大赛目的

深入学习贯彻习近平新时代中国特色社会主义思想，聚焦为党育人功能，从实践教育角度出发，引导和激励学生弘扬时代精神，把握时代脉搏，通过开展广泛的社会实践、深刻的社会观察，不断增强对国情社情的了解，将所学知识与经济社会发展紧密结合，强化创新、创意、创造、创业的意识和能力，提升社会化能力，为全面建成社会主义现代化强国、实现中华民族伟大复兴的中国梦贡献青春力量。

三、竞赛内容

按普通高校和职业院校分类申报，每所学校限参加一类。聚焦创新、协调、绿色、开放、共享的新发展理念，设五个组别：

1. 科技创新和未来产业：围绕创新驱动发展战略，推动数字经济健康发展，在智能制造、信息技术、大数据、人工智能、生命科学、新材料、军民融合等领域，结合实践观察设计项目。

2. 乡村振兴和农业农村现代化：围绕实施乡村振兴战略，在农林牧渔、电子商务、乡村旅游、城乡融合等领域，结合实践观察设计项目。

3. 社会治理和公共服务：围绕国家治理体系和治理能力现代化建设，在政务服务、消费生活、公共卫生与医疗服务、金融与财经法务、教育培训、交通物流、人力资源等领域，结合实践观察设计项目。

4. 生态环保和可持续发展：围绕可持续发展战略和碳达峰碳中和目标，在环境治理、可持续资源开发、生态环保、清洁能源应用等领域，结合实践观察设计项目。

5. 文化创意和区域合作：突出共融、共享，紧密围绕"一带一路"和京津冀、长三角、粤港澳大湾区以及成渝地区双城经济圈、长江中游城市群等区域合作，在工业设计、动漫广告、体育竞技和国际文化传播、对外交流培训、对外经贸等领域，结合实践观察设计项目。

四、竞赛要求

（一）竞赛方式

竞赛分校级初赛、省级复赛、全国决赛。校级初赛由各校组织，广泛发动学生参与，遴选参加省级复赛项目。省级复赛由各省（自治区、直辖市）组织，遴选参加全国决赛项目。全国决赛由全国组委会聘请专家根据项目社会价值、实践过程、创新意义、发展前景和团队协作等综合评定金奖、银奖、铜奖等项目。竞赛发展前景和团队协作等综合评定金奖、银奖、铜奖等项目。竞赛期间组织参赛项目参与交流展示活动。

（二）参赛人员

1. 普通高校学生：在举办竞赛决赛的当年 6 月 1 日以前正式注册的全日制非成人教育的各类普通高等学校在校专科生、本科生、硕士研究生（不含在职研究生）可参加。

2. 职业院校学生：在举办竞赛决赛的当年 6 月 1 日以前正式注册的全日制职业教育本科、高职高专和中职中专在校学生。

五、奖励设置

竞赛设金奖、银奖、铜奖，分别约占全国决赛获奖项目的 10%、20%、70%。全国组委会可视各省（自治区、直辖市）、各学校、学生参与情况，设置组委会活动单项奖。

资料来源：据《"挑战杯"中国大学生创业计划竞赛章程》摘抄、整理。